Arbeitsbuch für die Sekundarstufe I
Gesellschaftswissenschaften

Methodentrainer

Udo Kliebisch
Peter Schmitz

Redaktion	Winfried Kneip, Düsseldorf
	Peter Südhoff
Gestaltung und Satz	Ralf Eikenroth und Joachim Hoh, Düsseldorf
Umschlaggestaltung	Anna Bakalović
	unter Verwendung eines Bildes von Todd Davidson, Image Bank

 http://www.cornelsen.de

1. Auflage ✔ € Druck 4 3 2 1 Jahr 04 03 02 2001

Druck	CS-Druck Cornelsen Stürtz, Berlin
ISBN	3-464-65036-7
Bestellnummer	650367

 Gedruckt auf säurefreiem Papier,
umweltschonend hergestellt aus chlorfrei gebleichten Faserstoffen.

Lernen im Wandel ...?

Schule und Lernen geraten immer wieder in den Blickpunkt der Öffentlichkeit – kaum eine gesellschaftliche Problematik, die nicht auf das Versagen von Schule zurückgeführt wird oder zumindest mit Hilfe einer veränderten Schule gelöst werden soll.

Dabei ist Schule gegen rasche Veränderungen scheinbar resistent, denn das Lernen selbst und die Vermittlung des Lernens hat den Unterricht bis heute nicht nachhaltig verändert.

Die durch das rasend expandierende Internt genährte Postulierung eines „lebenslangen Lernens", das den Anforderungen der neuen Medien und der veränderten Seh- und Denkgewohnheiten der Jugendlichen entspricht, kann vor diesem Hintergrund nur stattfinden, wenn es gelingt, in der Schule Arbeitstechniken und Methoden zu vermitteln, die über die Schule hinausweisen. Ein eigenes Fach Methodenlehre wird sicher auf absehbare Zeit ein Wunschtraum bleiben, also muss die „Methodenkunde" im Rahmen des traditionellen Fächerkanons verankert werden.

Dieses Buch zeigt für die gesellschaftswissenschaftlichen Fächer auf, welche Techniken den Schülern ein umfassendes Repertoire effektiven Lernens erschliessen. Die einzelnen Methoden sind jedoch eigentlich nicht fächerspezifisch differenzierbar; das heißt, sie können ohne Probleme auch für alle anderen Fächer genutzt werden, wobei die einzelnen Beispiele und Übungen entsprechend angepasst werden müssten.

Uns ist wohl bewusst, dass die im Fachunterricht verfügbare Zeit fürs Methodentraining sehr begrenzt ist. Ideal ist es sicher, wenn es Ihnen gelingt, die Methodenkunde mit den Fachinhalten zu verknüpfen. Unsere Beispiele versuchen, diesen Erfordernissen Rechnung zu tragen. Sie sind allesamt nur als Muster zu verstehen und sollen von Ihnen durch die tatsächlich aktuellen Themen ersetzt werden.

Aus eben diesem Grund haben wir dieses Arbeitsbuch auch als „buntes Kaleidoskop" wichtiger Methoden angelegt. Es handelt sich dabei um keinen Kurssystem mit fest vorgeschriebenem Verlauf. Nehmen Sie die Bausteine heraus, die für Sie relevant und wichtig sind. Verändern Sie unsere Beispiele.

Jeder mag in diesem Buch Hilfen für sinnvolles, effektives Lernen finden. Seine eigentlichen Adressaten sind aber die Schüler. Wichtig ist also, dass Sie sich für die Vermittlung und Auswahl der relevanten Bausteine des „Lernen lernens" verantwortlich fühlen und ihren Schülern die entsprechenden Techniken näherbringen.

Es würde uns freuen, wenn Sie uns Ihre Erfahrungen mit diesem Buch, Ihre Kritik und Anregungen mitteilten, um noch besser auf Ihre Wünsche und die Anforderungen der Unterrichtspraxis eingehen zu können.

Schreiben Sie uns!
Cornelsen Verlag,
Redaktion Gesellschaftswissenschaften, Mecklenburgische Straße 53, 14197 Berlin

4. DATEN ERMITTELN

5. DATEN PRÄSENTIEREN

Das Lernverhalten testen

1

1. Mein Lern-Check

DARUM GEHT ES: Jeder Mensch hat ein anderes Lernverhalten. Für dein Lernen kann es hilfreich sein, dir klar zu werden, welches Lernverhalten du selbst entwickelt hast. So kannst du vielleicht aus diesem Buch optimalen Nutzen ziehen.

SO GEHT ES: Mit dem folgenden Fragebogen kannst du dein Lernverhalten testen.

DAS BRAUCHST DU: Schreibwerkzeug

SO FUNKTIONIERT ES:

1. Lies die jeweiligen Aussagen aufmerksam durch!

2. Kreuze dann das Feld an, das am meisten für dich zutrifft.

3. Werte den Fragebogen aus.

Punkte	4	3	2	1
Ich habe Schwierigkeiten, mit den Hausaufgaben überhaupt anzufangen.	immer	meistens	selten	nie
Das zeigt sich in Ablenkungen wie spielen, Musik hören, lesen.	immer	meistens	selten	nie
Ich erreiche bei den Hausaufgaben immer das, was ich mir vorgenommen habe.	nie	selten	häufig	meistens
Mündliche Hausaufgaben erledige ich zum Schluss.	immer	meistens	selten	nie
Am Tag vor der Klassenarbeit lerne ich:	besonders viel	etwas mehr als sonst	gezielter	genau wie sonst
Meine Schwächen in den einzelnen Fächern kenne ich.	nicht	ungefähr	ziemlich genau	ganz genau
Vor Klassenarbeiten habe ich Angst.	immer	meistens	selten	nie
Bei Klassenarbeiten habe ich Dinge vergessen, die ich vorher genau konnte.	immer	meistens	selten	nie
Einen festen Arbeitsplatz habe ich:	nie	selten	häufig	meistens
Ich werde an meinem Arbeitsplatz gestört:	regelmäßig	sehr oft	manchmal	nie
Meine Notizzettel sind:	wertlos	kaum lesbar	gut lesbar	brauchbar
Ich mache beim Lernen gezielte, vorher eingeplante Pausen.	nein	gelgentlich	oft	fast immer
Es fällt mir schwer, nach einer Pause wieder anzufangen.	ja	meistens	manchmal	nein
Für meine Arbeit brauche ich eine Untermalung durch Musik.	immer	meistens	selten	nie
Bei meine Hausaufgaben werde ich von Eltern, Geschwistern überwacht.	ja	meistens	manchmal	nein
Ich brauche eine Kontrolle durch Dritte, damit ich meine Arbeit durchhalte.	unbedingt	auf keinen Fall	ja	manchmal

Punkte	4	3	2	1
Ich bin faul, und das ärgert mich.	nein	Ich bin nicht faul!	So ist es!	manchmal
Wenn ich etwas verstanden habe, dann arbeite ich meistens gerne.	niemals	manchmal	immer	So ist es!
Wenn ich etwas nicht verstanden habe, dann frage ich meinen Lehrer.	nie	selten	häufig	meistens
Es gibt Lehrer, vor denen ich Angst habe.	ja, einige	ja, eine(n)	manchmal	nein
Eigentlich gehe ich ganz gern zur Schule.	niemals	manchmal	immer	So ist es
Ich weiß genau, warum ich zur Schule gehe.	So ist es!	meistens	eigentlich nicht	Schule ist Mist!
Ich bin sicher, auf der Schulform zu sein, die meinen Fähigkeiten entspricht.	unbedingt	gilt für viele Fächer	eher nicht	ganz und gar nicht
Summe der angekreuzten Felder (Jede senkrechte Spalte für sich zählen!)				
multipliziere die oben stehende Zahl jeweils mit	4	3	2	1
Ergebnisse der einzelnen Spalten				
Auswertung: Zähle die Punkte zusammen.	**Punkte insgesamt:**			

● Gesamtpunktzahl zwischen 33 und 50 Punkten: Du hast vermutlich keine echten Lernschwierigkeiten.

● Gesamtpunktzahl zwischen 51 und 114 Punkten: Du kannst wahrscheinlich von den Übungen dieses Buches am meisten profitieren. Vermutlich hast du Schwierigkeiten mit dem „Rahmen" für ein stringentes, effektives Lernen. Das ist nicht schlimm: reine Trainingssache! Wenn du etwas verändern willst, kannst du schon bald besser dastehen. Beachte besonders das Kapitel 2 „Das Lernen lernen". Hier findest du ein „Gerüst", das dir hilft, dein Lernen sinnvoll zu strukturieren.

● Gesamtpunktzahl über 115 Punkten: Du hast unter Umständen echte Schulprobleme, die durch ein paar Lerntipps alleine nicht behoben werden können. Suche dir auf jeden Fall Hilfe, wenn du deine Probleme nicht alleine in den Griff bekommst. Ersten Rat für weitergehende Hilfe gibt dir der Vertrauenslehrer deiner Schule.

Das Lernen lernen

2.1 Jeder ist intelligent

Jeder Mensch ist intelligent – auf eine bestimmte Weise! Wenn man Intelligenz nicht nur auf Gedächtnisakrobaten und Einsteins Nachfahren bezieht, kann man sieben verschiedene Intelligenzen feststellen, z.B. auch körperliche Intelligenz oder soziale Intelligenz. Wenn die jeweilige Intelligenz gezielt angesprochen wird, können bestimmte Dinge besser gelernt werden. Bist du körperlich begabt, dann kann es z.B. helfen, wenn du die Vokabeln im Gehen lernst. Daher ist es wichtig, dass du deine Intelligenz genau kennst.

Die sieben Formen der Intelligenz

1. Verbale, sprachliche Intelligenz
Jeder, der spricht, ist in gewisser Weise sprachlich intelligent. Dennoch ist es offensichtlich, dass einige Menschen besser mit Worten umgehen können als andere. Verbale Intelligenz zeigt sich mündlich und schriftlich, aber auch beim Zuhören. Sprachlich Intelligente spielen gerne mit Worten. In Intelligenztests schließen sie oft gut ab, weil diese Tests zu großen Teilen sprachliche Fertigkeiten abfragen.

2. Logisch mathematische Intelligenz
Diese Form der Intelligenz beinhaltet die Fähigkeit zu wissenschaftlichem Denken, die oft auch als kritisches Denken bezeichnet wird. Logische Intelligenz zeigt sich im Umgang mit Daten, Mustern und Beziehungen. Solcherart Begabte lieben mathematische Problemstellungen und strategische Spiele wie Mühle und Schach. Sie präsentieren ihre Arbeiten gerne in Diagrammen und grafischen Darstellungen. Logische Intelligenz ist in unserer technisierten Um-Welt hoch angesehen.

3. Visuell räumliche Intelligenz
Visuell begabte Menschen denken bevorzugt in Bildern. Sie lernen am besten wenn Dinge und Sachen visuell präsentiert werden: Filme, Bilder, Videos, Modelle. Sie zeichnen, malen, bildhauern gerne und drücken ihre Gefühle oft künstlerisch aus. Sie sind talentierte Kartenleser und mögen Puzzles. Visuell räumlich Begabte neigen zu Tagträumen oder Imaginationen.

4. Musisch rhythmische Intelligenz
Menschen mit musischer Intelligenz reagieren sehr stark auf Klänge und Geräusche. Sie singen, pfeifen oder summen, während sie sich anderweitig beschäftigen. Sie lieben Musik, sammeln CDs und Plat-

ten und spielen oft ein Instrument. Sie singen notengetreu und können häufig Melodien erinnern und aus dem Gedächtnis nachsingen. Sie besitzen in der Regel ein sehr gutes Rhythmusgefühl und nutzen bestimmte Rhythmen oder Lieder gerne, um Fakten oder Informationen zu behalten.
Viele irrtümlich als Verhaltensstörung bezeichnete Verhaltensweisen sind in Wahrheit nicht erkannte rhythmische Begabungen.

5. Körperlich kinästhetische Intelligenz

Kinästhetisch begabte Menschen kommunizieren mit Hilfe ihres Körpers. Sie bewegen sich viel, stellen Sachverhalte in Gesten dar, fassen Gesprächspartner gerne an. Sie lieben alle Arten körperlicher Aktivität, vielfältige Sportarten. Sie vermitteln auch gerne Informationen und Gefühlszustände mit Hilfe ihres körperlichen Ausdrucks. Sie drücken Gefühle und Stimmungen gerne im Tanz aus.

6. Interpersonale, soziale Intelligenz

Interpersonale Intelligenz äußert sich bei Menschen, die sich gerne mit Freunden umgeben und soziale Kontakte aller Art pflegen. Sie arbeiten gerne in Gruppen, lernen durch Interaktion und Zusammenarbeit. In Konfliktfällen übernehmen sie häufig die Funktion als Streitschlichter, in der Schule und zu Hause. Kooperative Lernmethoden sind für sie wie geschaffen.

7. Intrapersonelle Intelligenz, Eigenwahrnehmung

Diese Form der Intelligenz zeigt sich in einem tiefen Bewusstsein der eigenen Gefühlswelt. Sie ermöglicht es Menschen, sich, ihre Fähigkeiten und Möglichkeiten wahrzunehmen und einzuschätzen. Intrapersonell Begabte sind meist unabhängig und selbstbestimmt. Sie haben oftmals eine ganz starke, unverrückbare eigene Meinung, auch bei kontroversen Themen. Sie bevorzugen es, alleine zu arbeiten und eigene Projekte abzuwickeln, mit viel Selbstbewusstsein.

Die Intelligenzen 1–5 beschreiben,
wie Menschen Informationen aufnehmen und Ideen entwickeln:

- Sprachliche Intelligenz: Du denkst in Worten.
- Logische Intelligenz: Du denkst wie ein Wissenschaftler.
- Visuelle Intelligenz: Du denkst in Bildern.
- Musische Intelligenz: Du denkst in Klängen und Rhythmen.
- Körperliche Intelligenz: Du denkst in Bewegungen und Berührungen.

Die Intelligenzen 6 und 7 beschreiben,
welche Beziehung Menschen zu anderen und zu sich selber haben:

- Soziale Intelligenz :
  Du wendest dich nach außen und nimmst Kontakt zu anderen auf
- Interpersonelle Intelligenz:
  Du wendest dich nach innen und erkundest deine eigenen Gefühle und Gedanken

Multiple Intelligenz

In jedem Menschen mischen sich diese Intelligenzen, in unterschiedlicher Ausprägung.

Beispiel 1: Ein Rockstar, der seine eigenen Songs aufführt, besitzt verbale und musische Intelligenz, intrapersonale beim Schreiben der Texte und Lieder und soziale beim Konzert.

Beispiel 2: Susanne schreibt jeden Tag in ihr Heft, will aber keinen einsehen lassen. Sie besitzt verbale und intrapersonale Intelligenz.

Test: Welcher Intelligenztyp bin ich?

- ■ Denke darüber nach, welche Formen der Intelligenz bei dir besonders ausgeprägt sind. Ordne deine Intelligenzen auf einem Blatt der Wichtigkeit nach: Deine dominierende Intelligenzform schreibst du nach oben, die schwächste an die siebte Stelle.

- ■ Suche dir einen Partner. Jeder von euch schätzt nun die Verteilung der Intelligenzen des Anderen ein, wieder beginnend mit der vermutlich stärksten, endend mit der schwächsten. Vergleicht die Listen mit eurer eigenen Einschätzung. Waren die Ergebnisse gleich? Gab es überraschend andere Ansichten? Gab es vielleicht eine besonders ausgeprägte Intelligenz, die ihr an euch noch gar nicht wahrgenommen hattet?

- ■ Zeichne mit einem Zirkel einen Kreis auf ein Blatt Papier. Du sollst nun sieben „Kuchenstücke" unterschiedlicher Größe einzeichnen, entsprechend deiner Einschätzung der Verteilung der sieben Intelligenzen bei dir.

So nutzt du deine Intelligenzen

Regel 1:
Jeder ist anders. Jeder ist anders intelligent. Jeder ist gleichermaßen einzigartig und besonders. Alle Intelligenzen sind gleich wichtig und gleich viel wert. Nur weil in der Schule (zu) viel Gewicht auf verbale und logische Intelligenz gelegt wird, heißt das nicht, die Verbalakrobaten und Rechengenies seien intelligenter und dadurch besser.

Regel 2:
Dennoch ist in unserer Gesellschaft ein Grundlevel in diesen beiden dominanten Intelligenzen unverzichtbar, wenn du einigermaßen gut durchkommen willst.

Regel 3:
Nutze deine starken Intelligenzen zum Lernen und Kommunizieren. Setze z.B. dein Schauspieltalent ein, um eine Arbeit zu präsentieren. Nutze deinen analytischen, klaren Verstand, um ein Thema zu gliedern. Bringe in eine Gruppenarbeit deine gesamte soziale Intelligenz ein, um die Gruppe zu motivieren.

Regel 4:
Achte auf deine Schwächen. Du kannst nicht in jeder Intelligenzform gleich stark sein. Dennoch wirst du selbst deine schwächste Intelligenz stärken können. Lerne dabei von anderen (in deiner Klasse), die diese Intelligenz besitzen. Was ihnen selbstverständlich scheint, ist für dich eine Anstrengung und umgekehrt. Aber vielleicht könnt ihr gemeinsam Techniken entwickeln, wie jeder seine schwache Intelligenz fördern kann.

2.2 Welcher Lerntyp bin ich?

DARUM GEHT ES:

Jeder Mensch lernt anders. Eine große Rolle beim Lernen spielen die Sinneskanäle Sehen, Hören, Fühlen.

Bei den meisten Menschen ist der visuelle Sinneskanal besonders ausgeprägt (visuell = das Sehen betreffend). Sie haben beim Lernen dann Vorteile, wenn man den Lernstoff durch visuelle Hilfen unterstützt. Hier können Bilder, Filme oder Grafiken eine wesentliche Hilfe sein.

Auditiv orientierte Menschen haben beim Lernen Vorteile, wenn der Lernstoff auch über solche Medien vermittelt wird, auf die das Gehör anspricht: Sprache, Töne, Musik, Geräusche usw. (auditiv = das Hören betreffend). Für kinästhetische Lerntypen ist es günstig, wenn sie die Lerngegenstände auch anfassen können (kinästhetisch = das Fühlen betreffen).

Es gibt auch noch andere Lernkanäle. So lernen manche Menschen besonders gut, wenn sie sich dabei bewegen. Es gibt auch Mischformen, z.B. auditiv-kinästhetische Typen.

Besonders gut lernt man, wenn möglichst viele Lernkanäle angesprochen werden.

SO GEHT ES:

Lerntypentest

■ Stelle fest, welcher Lerntyp du bist. Richte dein Lernverhalten danach aus. Ein Beispiel: Ein visuell orientierter Typ lernt Vokabeln, indem er sie nur liest; es reicht ihm das Schriftbild. Ein auditiv ausgerichteter Lernender sollte beim Lernen zusätzlich die Vokabeln aussprechen, um das Gehör in den Lernvorgang einzubeziehen. Ein eher kinästhetisch lernender Mensch sollte die Vokabeln zusätzlich schreiben, um so auch ein Gefühl für das Wortbild zu bekommen.

■ Die folgenden Tests könnt ihr in einer kleinen Gruppe (etwa 4 Mitschüler) durchführen. Zu jeder Gruppe gehört ein Testleiter, der den Test durchführt. Nach dem Zeigen bzw. Vorlesen der Gegenstände und Begriffe sollt ihr euch 30 Sekunden lang über das Fernsehprogramm des vorigen Abends unterhalten. Schreibt dann die Begriffe auf, an die ihr euch erinnern könnt.

1. Bin ich ein visueller Lerntyp?

DAS BRAUCHT IHR:

■ 10 Alltagsgegenstände (z.B.: Schlüssel, Füllhalter, Etui, Heft, Buch, Radiergummi, Zirkel, Schwamm, Kreide, Diskette),
■ Schreibzeug und Papier

SO GEHT ES:

■ Der Testleiter legt die Gegenstände auf einem Tisch aus.
■ Schaut sie euch ca. 20 Sekunden an.

**DAS BEDEUTET
DAS ERGEBNIS:**

Mehr als 6 Gegenstände behalten:
Du bist wahrscheinlich ein visueller Lerntyp.

2. Bin ich ein auditiver Lerntyp?

DAS BRAUCHT IHR:

Schreibzeug und Papier

SO GEHT ES:

■ Der Testleiter liest dreimal nacheinander die 14 Begriffe vor.
  • Tisch
  • Deospray
  • Uhr
  • Buch
  • Geldbörse
  • Kugelschreiber
  • Kamera
  • Umschlag
  • Telefon
  • Noten
  • Tapete
  • Kochtopf
  • Wasserhahn
  • Teppich

**DAS BEDEUTET
DAS ERGEBNIS:**

Mehr als 8 Gegenstände behalten:
Du bist wahrscheinlich ein auditiver Lerntyp.

3. Bin ich ein kinästhetischer Typ?

DAS BRAUCHT IHR:

■ 14 Alltagsgegenstände
  (z.B.: Schlüssel, Füllhalter, Etui, Buch, Geldstück usw.)
■ Schreibzeug und Papier

SO GEHT ES:

■ Bei diesem Test spielen die Gruppenmitglieder nacheinander.
  Jeder sitzt mit dem Testleiter alleine, damit die anderen die
  Gegenstände nicht schon sehen können.
■ Die Testperson schließt die Augen. Der Testleiter gibt ihr nach-
  einander die Gegenstände in die Hand (jeweils ca. 10 Sekunden).

**DAS BEDEUTET
DAS ERGEBNIS:**

Mehr als 8 Gegenstände behalten:
Du bist wahrscheinlich ein kinästhetischer Lerntyp.

VARIANTE:

■ Der Testleiter gibt die Gegenstände in die Hand und nennt
  dabei den Namen: So testest du, ob du ein auditiv-kinästheti-
  scher Typ bist.

2.3 Check-up: Meine Ziele

DARUM GEHT ES:

Schule, das heißt für viele Lernen, ohne richtig zu wissen, wofür. Man lernt, weil es eben so vorgesehen ist. Lästig, aber unvermeidlich ... !? Das Lernen fällt viel leichter, wenn es wie eine Reise organisiert ist: Was ist mein Ziel? Wo mache ich Rast? Welche Etappen will ich bis wann erreicht haben? Wer seine Lernreise gut plant, spart Zeit und Frust. Eine genaue Planung ist also die Voraussetzung dafür, auf dem kürzesten und effektivsten Weg zum Lernziel zu gelangen.

SO GEHT ES:

Eine Planung des Lernziels erfolgt in 6 Schritten

1. Welches Ziel möchte ich erreichen?
Beispiele: Ich möchte ein bestimmtes Verhalten ändern.
Ich möchte ein Referat zum Thema „Entwicklungsländer" schreiben.
Welche Teilziele leiten sich daraus ab?

2. Ist das Ziel realistisch?
Welche Vorteile bringt es mir, das Ziel erreicht zu haben?
Was kann „unterwegs" alles passieren?

3. Wann will ich das Ziel erreicht haben?
Ist die vorgesehene Zeit realistisch?
Bis wann werde ich die Teilziele erreicht haben?
Wenn es länger dauert, wie kann ich Korrekturen vornehmen?

4. Ich formuliere das Ziel
Das Ziel genau zu formulieren ist unbedingt erforderlich. Beginne mit „Ich ..." und ende mit dem Zeitpunkt „... bis zum ...".
Formuliere es in der Gegenwart, positiv und ohne Einschränkungen wie „vielleicht" oder „manchmal".
Beispiel: Ich erledige mein Referat zum Thema „Entwicklungsländer" bis zum 20. Oktober.

5. Ich programmiere mein Ziel
Der „Lern-Ziel-Plan" auf Seite 18 soll die Programmierung erleichtern. Formuliere das Ziel und schreibe es oben auf das Blatt.
Formuliere darunter die Teilziele und den Zeitpunkt des Erreichens.
Überlege dir eine Kontrolle. Markiere erreichte Teilziele.
Überlege dir schon vorher eine Belohnung für das Erreichen des Zieles.

6. Ich schließe einen persönlichen Vertrag ab

Formuliere einen Vertrag, den du mit dir selber abschließt.

Beispiel:

Ich, _____

(Vorname und Name)

verpflichte mich, bis zum _____ folgendes Ziel zu erreichen:

_____

_____

Dazu muss ich Folgendes tun: _____

_____

_____

Meine Belohnung dafür ist: _____

_____

_____

_____

_____

(Ort, Datum)   (Unterschrift)

TIPP:
Kopiere den Vertrag dreimal: Klebe eine Kopie an deine Pinnwand zu Hause, die andere legst du unter die Klarsichthülle deiner Schreibtischunterlage und die dritte hängst du vielleicht übers Bett! So wirst du immer an deine Ziele erinnert.

Lern-Ziel-Plan

MEIN ZIEL: _____

_____

Erreicht bis zum: _____

Belohnung: _____

_____

TEILZIEL 1 _____

_____

Erreicht bis zum: _____ ☐ Erledigt

Belohnung: _____

_____

TEILZIEL 2 _____

_____

Erreicht bis zum: _____ ☐ Erledigt

Belohnung: _____

_____

TEILZIEL 3 _____

_____

Erreicht bis zum: _____ ☐ Erledigt

Belohnung: _____

Aus Fehlern lernen:

Prüfe, ob du deine Ziele erreichen kannst. Suche nach Ursachen, wenn du Ziele nicht erreicht hast!

■ Jeder kennt das: Man hat Ziele nicht erreicht, die man unbedingt erreichen wollte. Mache eine Liste dieser Enttäuschungen. Überlege, woran es gelegen haben könnte, dass du nicht erfolgreich warst.

Nicht erreichte Ziele	Gründe

■ Suche dir einen Partner. Erzählt euch, welche Ziele ihr nicht erreicht habt und welche Ursachen ihr dafür seht. Überlegt zusammen, welche weiteren Gründe es für euer Scheitern geben könnte.

■ Überlegt: Gibt es allgemein gültige Gründe dafür, dass Menschen ihre selbst gesteckten Ziele nicht erreichen? Was könnte man tun, um diese Gründe außer Kraft zu setzen?

Grund 1
Gegenmittel
Grund 2
Gegenmittel
Grund 3
Gegenmittel
Grund 4
Gegenmittel
Allgemeine Gegenmittel

2.4 Check-up: Zeitplanung

DARUM GEHT ES:

Zeitplanung ist das A und O jeder Arbeit, in Schule oder Freizeit. Wer bestimmte Aufgaben erledigen will, muss sich folgende Fragen stellen:
- Wie viel Zeit erfordert die komplette Erfüllung der Aufgabe voraussichtlich? ➢ **Zeitrahmen setzen**
- Wie viel Zeit habe ich dafür zur Verfügung?
  ➢ **Eigenes Zeitbudget abschätzen**
- Wie muss ich meine Zeit einteilen, um die Aufgabe zu schaffen? ➢ **Zeitraster planen, Teilziele setzen**
- Kann ich meinen Plan auch wirklich im geplanten Zeitraster einhalten? ➢ **Planung überprüfen und kontrollieren**

SO GEHT ES:

1. Grundlagen schaffen

Wichtigstes Werkzeug für die Zeitplanung ist ein Kalender mit Jahres- und Wochenübersicht. Alle Termine solltest du mit Bleistift eintragen, um Änderungen leicht vornehmen zu können.

Das trägst du in die Jahresübersicht ein:

- Ferien und unterrichtsfreie Zeiten
- Wichtige persönliche Termine wie Geburtstage
- Unverzichtbare Termine im Freizeitbereich, z.B. Training im Verein
- Klassenarbeiten, Tests oder Referate
- Alle Projekte (also Aufgaben, die du erledigen willst)

Das trägst du in die Wochenübersicht ein:

- Genaue Schulzeiten
- Regelmäßige Termine wie AGs, Sport, Hausarbeit
- Besondere Termine wie Klassenarbeiten, Referate, Sportfest
- Zeit für Hausaufgaben, Wiederholung, Klassenarbeiten
- Freizeittermine

2. Einen Zeitrahmen setzen

Welche Aufgaben stehen an
a) langfristig, also z.B. innerhalb des Schuljahres,
b) mittelfristig, also z.B. innerhalb der nächsten Wochen,
c) kurzfristig, also innerhalb der nächsten Tage?

Schreibe alle Ziele untereinander. Schreibe dahinter

- den frühesten Termin, an dem sie begonnen werden müssen
- den Endpunkt, bis wann sie fertiggestellt sein sollen.
  Trage die Endpunkte in die Jahresübersicht ein.

■ Markiere mit einem Bleistift, wann die Aufgaben begonnen werden sollen. Markiere, wann Zwischenziele erreicht sein sollen.

3. Das eigene Zeitbudget abschätzen

Die Übersicht für die kommende Woche wird immer zum Ende der laufenden Woche in den Terminplaner eingetragen.

- Übertrage die Termine aus der Jahresübersicht.
- Schreibe die übrigen Termine aus Schule und Freizeit dazu.

■ Gibt es Termine, die kollidieren? Welche Termine müssen verschoben werden?

Bewerte sie dazu nach Priorität, also nach Wichtigkeit.

Priorität A	Diese Aufgaben müssen bevorzugt behandelt werden. Es sind z.B. wichtige Aufgaben für den nächsten Tag.
Priorität B	Diese Aufgaben haben Zeit, bis alle „A-Aufgaben" erledigt sind.
Priorität C	Diese Aufgaben noch nicht so wichtig, sollen aber nicht vergessen werden.

■ Wie viel freie Zeit für Freizeit hast du nun noch? Verplane nur etwa 60% deiner freien Zeit, lass dir Luft, um auf „Überraschungen" flexibel reagieren zu können.

4. Teilziele setzen, Zeitraster planen

Manche Aufgaben, wir nennen sie Projekte, erfordern mehr Zeit und bessere Planung als andere, z.B. die Anfertigung eines Referats. Hier ist es wichtig, das Projekt in Unterpunkte zu gliedern und Teilziele zu formulieren. Gehe immer vom Endtermin aus und rechne rückwärts. (Siehe dazu das Beispiel auf Seite 22.) Rechne immer mehr Zeit für dein Projekt ein als voraussichtlich erforderlich – unverhofft kommt oft! Trage die Teilziele in deinen Wochenplan ein. Sie sollten immer oberste Priorität haben.

5. Planung überprüfen und kontrollieren

Zeitplanung ist eine Hilfe, keine Zwangsjacke. Jeder Plan wird sich im Alltag den Gegebenheiten anpassen. Niemand hat seinen Terminplan so gut im Griff, dass er alle Termine immer 100%ig einhält. Sei also großzügig, wenn die Planung nicht so toll hinhaut, gerade zu Beginn. Wichtig ist aber: Halte die Planung immer aktuell! Wenn Termine sich verschieben, muss auch der Plan für die folgenden Termine angepasst werden: Gibt es noch Reserven, vielleicht müssen private Termine der Kategorie B wegfallen, kann ich mir Hilfe suchen ... ?

■ **Wichtige Regel:** Auch und gerade wenn etwas schiefgeht:
Erst planen, dann handeln!

TIPP:
Um zu checken, ob du gut planen kannst, führe einmal für eine Woche einen Tagesplan (siehe Seite 24). Trage abends immer genau ein, was am nächsten Tag ansteht. Nicht erledigte Aufgaben werden auf den Folgetag übertragen. Wenn das zu häufig vorkommt und das Wochenende total zugemüllt ist oder keine Freizeit mehr bleibt, hast du schlecht geplant. Nimm dir weniger vor. Plane mehr Zeit pro Aufgabe. Kommst du damit besser klar?

Teilziele setzen

Aufgabe:	Ein Gruppen-Referat zum Thema „Gewalt in unserer Schule"
Projekt-Team:	Marisa, Valentina, Tim, Lucas
Abgabetermin:	20. Mai

Teilschritte und benötigter Zeitaufwand:

1. Recherche: Was gibt's zum Thema „Gewalt" in Büchern? Was finden wir im Internet? Texte lesen und Stichworte rausschreiben	Zeitdauer 1 Woche
2. Gliederung machen, Arbeitsplan aufstellen	Zeitdauer 1 Tag
3. Fragebogen für Umfrage an unserer Schule ausdenken; Befragung durchführen, Fragebögen auswerten.	Zeitdauer 1 Woche
4. Texte schreiben zu den Unterpunkten: Ursachen von Gewalt, Formen und Folgen von Gewalt an unserer Schule, Unsere Schule ist keine Insel, Gewaltfrei handeln lernen	Zeitdauer 1 Woche
5. Abstimmung der Texte in der Gruppe, Gestaltung des Referats, besondere Form des Vortrags, Üben des Vortrags	Zeitdauer 3 Tage
Gesamtdauer:	etwa 4 Wochen.

Unbedingt berücksichtigen: 1. Mai ist Feiertag,
Osterferien: Marisa und Tim sind in Urlaub.

Start des Projekts 1. April

Teilziele:	
Recherche	bis 7. April
Gliederung und Arbeitsplan	bis 8. April
Fragebogen und Umfrage	bis 11. April
Ferienbeginn	12. April
Auswertung Valentina und Lucas	bis 16. April
Texte schreiben alle	bis 28. April
Abstimmung, Gestaltung und Vorbereitung	bis 6. Mai

Profitipps für optimale Zeitplanung

- Jeder hat seine persönliche Leistungskurve. Stelle für den Tagesablauf fest, wann du besonders aufnahmefähig bist. Lerne nicht, wenn dein Biorhythmus, also deine innere, körperliche und geistige Fitnesskurve unter Null hängt.

- Plane ca. 20% deiner Arbeitszeit als bewusste Pausenzeit ein. Mache kurze und längere Pausen. Kurze Pausen von einer Minute werden zum Abschalten verwendet. Kurzpausen: aufstehen, ein paar Schritte machen, aus dem Fenster schauen ... längere Pausen: ein Getränk holen, Musik hören, einen Anruf tätigen ...

- Beherzige die 80/20-Regel: Mit 20% der Zeit schafft man im allgemeinen schon 80% des Ergebnisses. Die übrigen 80% verbringt man damit, auf 100% des Ergebnisses zu kommen. Oder anders: Was einem leicht von der Hand geht, schafft man schnell. Konzentriert euch also zuerst auf das, was euch viel Fortschritt beim Lernen beschert.

Tagesplan

Tag					
Uhr		**OK**		**Hausaufgaben**	**OK**
7					
8					
9					
10					
11					
12					
13					
				zusätzliches Lernen	
14					
15					
16					
				private Planungen	
17					
18					
19					
20					
21					
22					

2.5. Check-up: Motivation

Motivation ist ein Energiepotenzial, eine Art innerer Antrieb, der zur Bewältigung von Aufgaben unerlässlich ist. Es steckt in jedem Menschen. Man kann auch sagen, motivierend ist alles, was einen gut draufbringt.

Motivation kann in einer spannenden Aufgabe liegen, in dem Ehrgeiz, etwas zu schaffen. Sie kann aber auch von außen kommen, z.B. durch eine versprochene Belohnung. Es ist wichtig, zu erkunden, worin die eigene Motivation liegt, wie man sich selbst oder anderen hilft, die Kraft zur Motivation aus eigenem Antrieb aufzubringen. Eine der wichtigsten Aufgaben besteht dabei darin, demotivierende Gedanken („Das schaff ich nie!" – „Ich bin eh der Looser!") zu eliminieren. Es gibt Techniken, die einem dabei helfen können, sich „mental zu dopen" – ganz legal und effektiv.

1. Think positive

Ein kleiner Kurs in „positivem Denken".
Denke an eine schwierige Aufgabe, die du lösen sollst.
Schreibe die negativen Gedanken auf, die dir spontan in den Sinn kommen, z.B.: „Der Müller wird mich vor allen anderen auseinandernehmen!"
Formuliere nun für die negativen Gedanken positive Gegenbilder, z.B.: „Ich verblüffe den Müller mit meinem perfekten Referat!"
Formuliere nur das, was du wirklich willst, in der Ich-Form, in der Gegenwart und positiv.
Sprich diese positiven Sätze so oft wie möglich, bis sie die negativen Meinungen verdrängen.

2. Die „Boris-Technik"

Die mentale Programmierung auf den Erfolg – nicht erst seit Boris Becker bekannt. Viele Sportler gehen im Geiste den Wettkampf durch, lange bevor sie starten. Sie programmieren sich im Vorhinein als Sieger, auch in Körperhaltung und Bewegung.

Das kannst du auch im Bezug auf einen Lernerfolg: Gehe in entspannter Haltung die Stationen des Lernprozesses durch; träume dich an dein Ziel und stelle dir bildlich vor, wie du deinen Erfolg genießt, wie er sich anfühlt, wie andere dich beglückwünschen. Formuliere wie oben („Think positive") positive Sätze in der Ich-Form, aus der Sicht des Erfolgreichen: „Ich habe das Referat ganz easy und supercool gehalten!"

Programmiere diese Sätze, dieses „Gefühl des Siegers" immer, besonders wenn dich Zweifel beschleichen, ob du es wirklich schaffst (auch das ist normal!).

3. Erfolgs-Beschwörung

Du kannst das Gefühl aus einer erfolgreich bewältigten Aufgabe in deinem Inneren verankern, um es für eine neue Aufgabe als Motivation wieder hervorzuholen. Dazu musst du dich an eine Situation erinnern, in der du eine Sache besonders gut zu Ende gebracht hast. Versuche, den Erfolg noch einmal nachzuempfinden: Was hast du damals gefühlt, gesehen, gerochen?
Versuche, diese Empfindungen wieder zu spüren. Finde dann eine Körperhaltung oder Geste, die diese Erfolgssituation für dich symbolisiert, dazu eine kurze Formel, eine Art „Zauberspruch", wie „Suupaastark" oder Ähnliches.
Wiederhole diese „Beschwörung" mindestens zehnmal: Gefühl + Haltung + Spruch. Damit hast du es verankert. Du kannst das Gefühl nun mit deiner Geste und dem Spruch jederzeit wieder hervorholen, um dich selbst zu motivieren.

4. Belohnungsplan

Wer das Erreichen eines Zieles mit einer Belohnung verknüpft, ist sicher besonders motiviert. Aber auch eine solche Belohnung will geplant sein. Schaffe dir dein eigenes Belohnungsritual.
Beispiele für Belohnung:

- Wenn ich in der nächsten Stunde mindestens zweimal einen Beitrag in meinem Kummerfach geliefert habe, dann gönne ich mir ein Eis.

- Wenn ich in der nächsten Klassenarbeit eine Note besser als bisher schreibe, gönne ich mir einen Kinobesuch.

- Welche weiteren Belohnungen fallen dir ein?
  Trage sie in die Liste ein.

1.

2.

3.

4.

5.

Tipp für Hartgesottene

Wem positive Belohnung als Motivation nicht ausreicht, der kann sich durch „negative Entlohnung" zusätzlich unter Druck setzen. Beispiele für „Entlohnung":

■ Wenn ich in der nächsten Geschichtsstunde nichts zum Unterricht beitrage, dann verpflichte ich mich, eine halbe Stunde zusätzlich zu lernen.

■ Wenn ich die nächste Klassenarbeit wieder verhaue, ist die nächste Party für mich gestrichen.

■ Fallen dir weitere „Entlohnungen" ein?

1.

2.

3.

4.

5.

2.6 Check-up: Konzentration

DARUM GEHT ES:

Konzentration ist eine wichtige Voraussetzung, um effektiv zu arbeiten. Du verwendest zu viel Zeit für eine Aufgabe oder deine Ergebnisse werden schlecht, wenn du unkonzentriert bist. Daher ist es sinnvoll, etwas für die eigene Konzentration zu tun.

> **Was ist Konzentration?**
> Konzentration ist die Fähigkeit, einem Lernstoff eine Zeit lang ungeteilte Aufmerksamkeit zu schenken. Die Aufmerksamkeit wird darauf ausgerichtet, gezielt wahrnehmen, denken, behalten und erinnern zu können.   (nach D. Krowatschek, 1995)

SO GEHT ES:

Kein Mensch kann immer konzentriert sein. Ruhephasen, Ablenkungen, Entspannung sind ebenso wichtig und unverzichtbar. Die Kunst besteht darin, im richtigen Moment konzentriert zu sein und eine Aufgabe so gut und so schnell wie möglich zu erledigen. Wenn du also konzentriert an eine Aufgabe herangehst, sparst du Zeit, die du für deine Freizeit verwenden kannst. Die gezielte Konzentration auf eine Aufgabe kannst du lernen. Dazu musst du zuerst alle „Störenfriede" kennen und gezielt bekämpfen.

Störenfriede

1. Ungesundes Leben
Schläfst du wenig? Sitzt du oft vor der Glotze, dem Monitor? Isst du zu viel Junkfood? Bewegst du dich wenig?

DAS KANNST DU TUN:

> ■ **Kein Wunder, dass du unkonzentriert bist.** Dein Körper und dein Hirn brauchen wie eine Batterie genug „Power", um arbeiten zu können. Wenn du immer auf Reserve fährst und nicht nachlädst, gehen bei dir bald die Lichter aus. Aufladen heißt: viel Schlaf, viel Bewegung, vitaminreiches Essen.

2. Langeweile, fehlende Motivation
Ödet dich der Unterricht an? Weißt du nicht, wofür du lernen sollst? Ist der Unterrichtsstoff zu schwer? Ist dir langweilig, ohne dass du einen Grund dafür kennst?

DAS KANNST DU TUN:

> ■ **Langweilige Lehrer und langweilige Themen:** Dagegen ist kein Kraut gewachsen. Die gibt es, und da muss man durch wie bei einem Zahnarztbesuch. Aber schnell soll es gehen, bitteschön. Also mach keine Zicken und tue das nötige, um ohne Bohren oder Zähneziehen rauszukommen: erledige die anstehenden Aufgaben so konzentriert und effektiv wie möglich, dann hast du am wenigsten Stress damit. So was nennt man Selbstschutz.

■ **Der Unterrichtsstoff ist zu schwer:** Redet miteinander. Geht es anderen in der Klasse genauso, dann geht gemeinsam zum Lehrer und bittet ihn, es besser zu erklären oder euch mehr Zeit zu geben. Geht es dir alleine so? Sprich mit dem Lehrer, ob er eine Chance sieht, dir „außer der Reihe" zu helfen. Vielleicht kann ein Mitschüler dir „nachhelfen"?

■ **Du hast Angst zu versagen:** Überlege dir, ob deine eigenen Erwartungen oder die deiner Lehrer/Eltern nicht zu hoch gesteckt sind. Das Motto: „Faulheit sieht besser aus als Dummheit!" ist in Wahrheit ein Beleg für Dummheit. Denn so wirst du in jedem Fall scheitern: Keine Leistung heißt „schlechte Note"! Wenn du dir aber deine Ängste zugestehst, kannst du einen Ausweg finden: Nachhilfe, Lernhilfen, einfach weniger hohe Erwartungen (was ist schon schlimm an einer 4?) oder zur Not eine andere Schule.

■ **Du weißt nicht, warum du unmotiviert bist:** Vielleicht hast du Stress zu Hause, mit Freunden ... Schwere Probleme können so viel Energie binden, dass sie das ganze Leben überschatten. Du musst dir unbedingt Hilfe suchen, Leute, mit denen du reden kannst. Wem vertraust du? Wer könnte dir helfen? Das kann zur Not auch der Vertrauenslehrer sein: Der ist dazu verpflichtet, das ihm Erzählte vertraulich zu behandeln. Zumindest weiß er, wo du weitere Hilfe findest.

■ 3 Weitere Anregungen zum Thema „Motivation" findest du auf den Seiten 25–27.

3. Zeitstress und Pausenpanik

Rutscht dir immer wieder die Zeit weg? Kannst du deine Lernzeiten nicht einhalten? Bist du schnell müde und unkonzentriert?

DAS KANNST DU TUN:

■ **Konzentration ist immer auch eine Frage der Zeiteinteilung.** Die ist bei jedem anders. Versuche herauszufinden, wie lange du konzentriert an einer Sache bleiben kannst, bevor du abschaltest. Nimm dir also immer Lernintervalle vor, die dich nicht überfordern.

■ **Beachte deinen Tagesrhythmus:** Es gibt Phasen, in denen das Lernen schwerer fällt, z. B. nach dem Mittagessen: Diese Phasen sind bei jedem anders.

■ **Ordne deine Aufgaben nach Prioritäten.** Erledige wichtige Dinge zuerst.

■ 3 Weitere Anregungen zum Thema „Zeitplanung" findest du auf den Seiten 20–24.

Pausen sind unerlässlich. Wenn die Konzentration nachlässt, sollte unbedingt eine Pause eingelegt werden. Eine Regel lautet, dass nach etwa 30 Minuten eine 5-Minuten-Pause angesagt ist. Nach etwa 90 Minuten sollte eine längere Pause von etwa 20 Minuten folgen. Nutze die Pausen, um dich aktiv zu entspannen: frische Luft tanken, ein bisschen bewegen, eine Kleinigkeit essen (Obst) und trinken (Saft, Wasser), ein Musikstück hören ...

Lerne abwechslungsreich. Ein paar einfache Tricks, wie das Lernen leichter von der Hand geht:

- ■ Beginne mit einer leichten Aufgabe, um dich anzuwärmen und für ein positives Erfolgserlebnis zu sorgen.
- ■ Lerne gleiche Themen nicht unmittelbar hintereinander (Englisch- und Französischvokabeln, Chemie und Biologie), sie verheddern sich in deinem Kopf.
- ■ Wechsle zwischen schriftlichen und mündlichen Aufgaben.
- ■ Beteilige möglichst viele „Lernkanäle".

■ **Beispiel:** Thema „Parlamentarische Demokratie"
Abwechslungsreich lernen bedeutet: Lies den Text in deinem Arbeitsbuch. Hole dir Informationen auf der Website des Bundestages. Sprich mit deinen Eltern, dem Abgeordneten eures Wahlkreises.

4. Chaotische Lernumgebung

Hast du keinen festen Arbeitsplatz? Ist dein Arbeitsplatz zu klein? Wirst du beim Lernen immer wieder abgelenkt und gestört?

DAS KANNST DU TUN:

Das Wichtigste: Du musst dich an deinem Arbeitsplatz wohl fühlen. Wenn es Dinge gibt, die dich immer wieder ablenken, wie ein Fernseher direkt neben dem Schreibtisch: Stelle sie an einen anderen Platz. Ein eigener, ausreichend großer Arbeitsplatz ist ganz wichtig. Eltern und nervende Geschwister haben während deiner Arbeitsphasen keinen Zutritt.

■ 3 Weitere Anregungen zum Thema „Arbeitsplatz" findest du auf den Seiten 35-38.

Übung: Konzentration

1. Überprüfe, wie es um deine Konzentration bestellt ist. Wann warst du in der letzten Zeit richtig unaufmerksam und unkonzentriert? Als Hilfe kann die Auflistung der „Störenfriede" dienen.
   - Formuliere diese Situationen genau und schreibe sie auf ein Blatt: „Ich bin unkonzentriert, wenn ich für Mathe lerne." Oder „Ich bin unkonzentriert, wenn ich an meinem Schreibtisch sitze und das Radio läuft."
   - Erinnere dich genau an eine Situation, in der du aufmerksam und konzentriert oder unaufmerksam und nicht konzentriert warst. Welche Gefühle sind für dich damit verbunden? Beschreibe die Situation und deine Empfindungen in Stichworten.

2. Vergleiche deine Antworten mit denen eines Mitschülers. Überlegt, worin die Unterschiede liegen und was ihr für eure Konzentration tun könnt. Findet für jeden Konzentrationskiller ein Gegenmittel. Verpflichtet euch, gegenseitig darauf zu achten, dass ihr eure Gegenmittel auch „einnehmt". Macht einen kleinen Vertrag.

2.7 Check-up: Entspannung

DARUM GEHT ES:

Lernen ist oft genug Stress. Stress verhindert ein optimales Lernen. Der einzige Weg: Entspannung. Aber wie soll man entspannen, wenn man gerade gestresst ist? Hier findest du ein paar einfache Techniken zur aktiven Entspannung.

SO GEHT ES:

Die Voraussetzung für aktive Entspannung ist, wie beim Lernen auf ein bestimmtes Umfeld zu achten: keine Störungen durch Lärm oder andere Ablenkungen, frische Luft, eine bequeme Position. Du kannst entweder bequem auf dem Rücken liegen, die Arme neben dir ausgebreitet, oder in bequemer Sitzhaltung, den Po bis an die Rückenlehne, die Beine nebeneinander auf dem Boden, die Unterarme auf den Unterschenkeln. Am Besten ist es, wenn du dabei die Augen schließt. Wenn du sie lieber öffnest, solltest du einen bestimmten Punkt im Raum fixieren.
Teste, welche der folgenden Entspannungstechniken für dich die geeignete ist.

3 Entspannungs-Techniken

1. Progressive Muskelentspannung

Die Technik der Progressiven Muskelentspannung beruht auf einem Wechsel von Anspannung und Entspannung der Muskulatur.

SO FUNKTIONIERT ES:

Variante 1

Nimm zunächst deine Grundhaltung ein. Spanne dann nacheinander ohne zeitliche Unterbrechung folgende Muskeln an:

- Drücke die Zehen in Richtung Boden.
- Spanne dann die Beinmuskeln an; sorge dafür, dass die Beine fast gestreckt sind.
- Spanne zusätzlich das Gesäß an, hebe es dabei leicht von der Unterlage ab.
- Spanne nun die Bauchmuskeln an.
- Balle jetzt die Hände zu Fäusten, spanne gleichzeitig die Armmuskeln an.
- Beiße die Zähne zusammen, lege die Stirn in Falten und kneife zuletzt die Augen zu.

Halte die Spannung etwa 15 bis 20 Sekunden lang und entspanne dann völlig. Genieße die Entspannung im ganzen Körper mindestens ebenso lange wie die Anspannung. Wiederhole das Ganze ungefähr drei- bis fünfmal.

Variante 2

Spanne zuerst eine Muskelgruppe an, atme dabei ein.

- Halte die Spannung für ein paar Sekunden, halte dabei auch den Atem an.
- Löse die Muskelspannung langsam wieder und atme dabei ruhig und langsam aus.
- Atme dann einige Male in ruhiger Lage ein und aus.
- Spanne dann die nächste Muskelgruppe an und gehe so fortschreitend (progressiv) vor.

So kannst du deinen ganzen Körper „progressiv" entspannen. Du kannst aber auch gezielt nur bestimmte Körperteile entspannen. Vergiss beim Gesicht nicht die Lippen, die Zunge, die Augen.

- Kehre dann langsam zurück. Beuge und strecke dazu die Arme ein-, zweimal kräftig, atme tief ein und öffne danach die Augen. Stehe langsam wieder auf.

2. Atem-Technik

Die Atmung spielt eine wichtige Rolle, wenn es um An- und Entspannung geht. In Anspannungssituationen atmen die Menschen schneller und weniger tief als in entspanntem Zustand. Mit einer gezielten Atem-Technik kannst du lernen, in Belastungssituationen deine Atmung bewusst so einzustellen, dass sie deiner Entspannung dient.

SO FUNKTIONIERT ES:

Nimm zunächst deine Grundhaltung ein.

- Beobachte deine Atmung. Mache dir bewusst, in welchem Tempo du atmest und welche Körperzonen dabei beteiligt sind.
- Konzentriere dich jetzt auf das Einatmen: Sorge dafür, dass du zunächst in den Bauchraum einatmest und sich erst danach der Brustkorb senkt. Du kannst den Effekt unterstützen: Lege dazu eine Hand auf den Bauch, der Daumen kommt etwa einen Zentimeter unterhalb des Nabels zu liegen. Nimm wahr, wie sich die Hand zunächst hebt, bevor sich dein Brustkorb hebt.
- Konzentriere dich dann auf die Phase des Ausatmens: Versuche, das Ausatmen zu verlängern. Du bist am Ziel, wenn das Ausatmen deutlich länger dauert als das Einatmen.
- Genieße es, in diesem Rhythmus ein- und auszuatmen.

Kehre dann langsam zurück. Beuge und strecke dazu die Arme ein-, zweimal kräftig, atme tief ein und öffne danach die Augen. Stehe langsam wieder auf.

3. Kopf-Kino

Der Effekt dieser Übung beruht darauf, dass unser Körper praktisch in derselben Weise auf Vorstellung und Wirklichkeit reagiert. So kann die bloße Vorstellung von einer Klassenarbeit bereits dieselben Symptome auslösen wie die Klassenarbeit selbst. Dies kann man sich zum Zwecke der Entspannung zunutze machen.

Nimm zunächst deine Grundhaltung ein.

- Stelle dir eine Situation vor, von der du annimmst, sie wird dich stressen: zum Beispiel eine Klassenarbeit, ein Test, eine Prüfung oder was dir sonst einfällt. Natürlich sollte diese Situation auch tatsächlich in nächster Zukunft auf dich zukommen.
- Schaue einmal genau in deinen inneren Vorstellungsraum: Was siehst du jetzt? Was hörst du und wie fühlst du dich dabei?
- Steige jetzt einfach aus der Szene aus: Setze dich dazu in deiner Vorstellung in die Mitte eines Kinos und lass den Film von dem stressigen Ereignis einfach auf der Leinwand ablaufen. Dabei musst du dich in diesem Film selbst sehen können, als Hauptdarsteller sozusagen.
Wie fühlst du dich dabei? Was nimmst du an dir wahr? Würdest du dich anders verhalten als der Hauptdarsteller? Was würdest du tun?

Beende die Übung, indem der „Film" endet, das Licht angeht und du in die Wirklichkeit zurückkehrst. Beuge und strecke dazu die Arme ein-, zweimal kräftig, atme tief ein und öffne danach die Augen. Stehe langsam wieder auf.

SO FUNKTIONIERT ES:

TIPP:
Führe die für dich passende Übung einige Zeit täglich zwei- bis dreimal durch, um sie so zu beherrschen, dass sie dir auch während einer Belastungssituation hilft. Dann kannst du sie, wie die anderen Übungen allerdings auch, z.B. in der Klasse sitzend ausführen, ohne dass die anderen etwas davon merken.

So wertest du alle Übungen aus:

- Beantworte jetzt die folgenden Fragen. Mache dir dazu Notizen. Du solltest danach mit den anderen Mitgliedern der Klasse über deine Antworten reden:

1. Wie hast du dich während der Übung gefühlt? Wie fühlst du dich jetzt?

2. Was ist dir bei der Übung besonders leicht oder schwer gefallen?

3. Wie müsstest du die Übung für dich gestalten, damit sie für dich noch angenehmer ist?

4. Wann und wo kannst du die Übung in deinem Alltag nutzen?

2.8 Check-up: Arbeitsplatz

DARUM GEHT ES:

Das Lernen kann nur dann in optimaler Weise erfolgen, wenn es an einem gut organisierten Platz geleistet wird. Gute Lernvoraussetzungen schaffen bedeutet auch, seinen Arbeitsplatz optimal zu organisieren.

SO GEHT ES:

Stelle dir deinen eigenen Arbeitsplatz vor. Was gefährdet daran eine erfolgreiche Arbeit? Schreibe die Schwachstellen deines Arbeitsplatzes auf ein Blatt. Plane nun deine verbesserte Lernumgebung. Irgendwo zwischen Schloss ähnlichen Wohnverhältnissen und dem Küchentisch mit Nudeln und Tomatensoße findest du sicher deinen optimalen Arbeitsplatz. Beachte dabei folgende Regeln und Voraussetzungen:

Licht & Raum

- Sorge für ausreichende Beleuchtung deines Platzes. Am besten ist ein Platz in der Nähe des Fensters. Die Lichtquelle soll weder blenden noch eine Disco-Atmosphäre simulieren. Tipps zur richtigen Ausleuchtung deines Arbeitsplatzes gibt zur Not eine Fachkraft. Wichtig: Das Licht soll so einfallen, dass der Text nicht im Schatten deiner Schreibhand liegt.
- Sitze bequem! Der Stuhl sollte höhenverstellbar sein und sich beim Sitzen deinem Rücken anpassen.
- Lernen ist Schwerstarbeit für dein Gehirn. Sorge für ausreichend frische Luft. Lüfte deinen Arbeitsraum, bevor du startest. Öffne in Abständen die Fenster und sorge für Frischluftzufuhr.
- Räume alle unwichtigen, lernfremden Gegenstände aus dem Weg. Schalte externe Störungen aus.
- Sorge dafür, dass alle lernwichtigen Arbeitsmittel in Griffnähe liegen.

Arbeitsmittel

Hier eine Liste der notwendigen Arbeitsmittel. Erweitere sie nach Bedarf. Kontrolliere stets den einwandfreien Zustand deiner Werkzeuge:

- Schreibwerkzeug: Füller, Kulis, angespitzte Bleistifte, Filzstifte, Marker
- Korrekturmittel: Radiergummi, Tintenkiller
- Weitere Hilfsmittel: Kleber, Schere, Tesafilm, Locher, Heftstreifen, Anspitzer
- Papier: Hefte, Blöcke, Ringbucheinlagen liniert und/oder kariert, Karteikarten
- Ordnungsmittel: Ordner, Karteikasten,
- Planer bzw. Terminkalender, Pinnwand
- PC, falls vorhanden; ideal: mit Internet-Zugang

Medien

- Schulbücher der aktuellen Fächer
- Nachschlagewerke wie Duden, Lexika, Wörterbücher
- Lernsoftware
- Internetzugang

Plane deinen Arbeitsplatz

DAS BRAUCHST DU:

Rechenpapier, einen Zollstock, ein Lineal, einen Bleistift, ein Radiergummi, eine Schere

SO GEHT ES:

1. Planung des Zimmers

Miss mit dem Zollstock dein Zimmer und die Möbel darin aus. Übertrage zuerst die Größe der Möbel auf ein Rechenblatt. Nimm immer 4 Kästchen für einen Meter. Ist der Schreibisch 2 Meter breit und 80 cm tief, so zeichnest du auf auf dem Blatt ein Rechteck von 8 Kästchen Breite und 3,2 Kästchen Tiefe. Verfahre ebenso mit allen Möbeln. Schneide die Rechtecke entlang ihres Umrisses aus. Zeichne auf ein zweites Blatt die Umrisse des Zimmers, nach dem gleichen Maßstab: 5 x 4 Meter heißt 20 x 16 Kästchen. Markiere die Position von Fenstern und Türen. Bedenke, wie weit und wohin die Türen sich öffnen. Positioniere nun die Möbel so in deinem Zimmer, dass eine für dich optimale Lernumgebung entsteht. Durch Verschieben der Rechtecke kannst du so oft die Situation verändern, bis sie dir optimal erscheint.

2. Planung des Schreibtischs

Auf ein Blatt zeichnest du die Umrisse deiner Schreibtischplatte. Zeichne nun deine Arbeitsmittel so ein, dass dir eine ausreichende Arbeitsfläche bleibt und alle wichtigen Dinge leicht erreichbar sind. Wenn du einen Computer als Arbeitsmittel hast: Ideal wäre ein eigener Computertisch. Falls das aus Platz- oder Finanzgründen nicht möglich ist, stelle den Monitor so, dass er die Arbeitsfläche nicht beherrscht und dass die Sonne sich nicht darin spiegelt.

3. Planung der optimalen Umgebung

In Regalen/Fächern um den Schreibtisch herum sollten die Hefte/Bücher zu den einzelnen Fächern untergebracht sein.
Dabei gilt: Für jedes Fach ein eigener, beschrifteter Container (gibt's in jedem Möbelladen), in welchem die aktuellen Bücher und Hefte oben und bereits vollgeschrieben Hefte darunter liegen. Für den nächsten Tag benötigte Unterlagen für die einzelnen Fächer werden herausgenommen und in die Schultasche gepackt, nicht mehr benötigte werden zurückgelegt.

■ Check-up: Wo sind meine „sieben Sachen"?

Du verlierst viel Zeit, wenn du immer wieder Dinge suchen musst oder sie nicht dabei hast. Ein fester Platz spart dir jede Menge Zeit und Ärger.

Diese Dinge brauche ich am häufigsten:	... und dort haben sie ihren festen Platz:

■ Check-up: Schultasche

Bestimmt hattest du schon mal Ärger in der Schule, weil du etwas vergessen hattest. Das lässt sich einfach vermeiden. Mache es dir zur Gewohnheit, jeden Abend einen Check durchzuführen. Welche Hefte, Bücher, Schreibgeräte brauchst du für den nächsten Tag? Nimm die erforderlichen Bücher und Hefte aus ihren Containern und lege nicht mehr benötigte zurück. Wichtig ist auch, dass deine Tasche genügend Platz hat und im Rücken stabilisiert ist. Chick ist nicht immer optimal!

Profitipp:

Arbeite wie ein erfolgreicher Geschäftsmann!

Walt Disney, der Schöpfer von Micky Maus, Donald und Dagobert, war ein äußerst erfolgreicher Geschäftsmann. Auf eine neue Aufgabe bereitete er sich durch eine besondere Arbeitsplatzstrategie vor. Er nahm dabei drei Positionen ein: die Position des Träumers, die des Realisten und die des Kritikers.

- Im Raum des Träumers entwarf er neue Ideen. Ob sie realisierbar waren oder nicht, spielte keine Rolle. Die Ideen hielt er fest.
- In den Raum des Realisten begab er sich, um seine Ideen strategisch umzusetzen. Daraus entwickelte er Zeit- und Maßnahmenkataloge.

- Schließlich nahm er die Position des Kritikers ein, um zu kontrollieren, ob die im zweiten Raum entstandenen Pläne realisierbar und sinnvoll waren.

Zwischen diesen Positionen wechselte er so lange hin und her, bis ein ausgefeiltes Konzept für seine Aufgabe entstanden war. Entscheidend war die klare Trennung der einzelnen Positionen.

Wenn du kannst oder willst, richte dein Zimmer nach der Walt Disney Methode ein.

1. Schaffe dir einen Platz zum Träumen, den Kreativbereich. Das kann z.B. eine gemütlich eingerichtete Ecke sein.

2. Im Umsetzungsbereich, das ist in der Regel der Schreibtisch, werden die Träume in Pläne umgesetzt.

3. Das Kontrollzentrum als Bereich für den Kritiker, kann eine dritte, nüchtern gestaltete Ecke sein, aber auch ein Platz in einem anderen Zimmer.

2.9 Check-up: Hausaufgaben

DARUM GEHT ES:

Hausaufgaben sind nicht freiwillig. Sie müssen gemacht werden. Ob sie sinnvoll sind oder nicht, ist zwar umstritten, kann dir aber auch nicht helfen: Du hast keine Wahl! Betrachte sie als Gelegenheiten, bei denen du übst zu lernen. Dabei kommt es nicht darauf an, noch mehr seiner Zeit für die Schule zu opfern. Wichtig ist für dich, die eingesetzte Zeit effektiv zu nutzen.

SO GEHT ES:

1. Time Bandits – den Zeitbanditen auf der Spur

■ Untersuche dein Verhalten bei den Hausaufgaben, indem du den Fragebogen ausfüllst. In die leeren Zeilen kannst du deine eigenen Zeitbanditen eintragen.

■ Vergleicht die Ergebnisse untereinander und denkt darüber nach, wie ihr die Zeitbanditen hinter Schloss und Riegel bringt.

Ich brauche viel Zeit bis ich mit der Arbeit beginne.	immer	manchmal	nie
Ich stehe häufig von meinem Arbeitsplatz auf, um mir etwas zum Trinken oder Essen zu holen.	immer	manchmal	nie
Ich habe während der Hausaufgaben meinen PC mit einem Spiel geladen.	immer	manchmal	nie
Die Fernbedienung für meinen Fernseher liegt in Griffnähe.	immer	manchmal	nie
Wenn das Telefon klingelt, empfinde ich das als Befreiung.	immer	manchmal	nie
Mit meinen Freunden bequatsche ich alles – nur nicht die Hausaufgaben.	immer	manchmal	nie
Ich lenke mich durch Musik ab.	immer	manchmal	nie
	immer	manchmal	nie
	immer	manchmal	nie
	immer	manchmal	nie

2. Hausaufgaben – Sinn und Unsinn

DARUM GEHT ES:

Hausaufgaben sind beliebt. Jeder Schüler läuft nach dem Mittagessen sofort in sein Zimmer, um sich begeistert in die Arbeit zu stürzen ... soweit das Märchen. Dennoch machen Hausaufgaben einen Sinn. Wir wollen dem Sinn der Aufgaben auf die Spur kommen.

DAS BRAUCHST DU:

■ Schreibwerkzeug, Papier
■ Hausaufgabenheft

SO FUNKTIONIERT ES:

Die Hausaufgaben einer normalen Schulwoche sollen auf ihren Sinn hin untersucht werden. Nimm dein Hausaufgabenheft. Überprüfe, welchen Sinn die einzelne Aufgabe erfüllt und trage das Ergebnis in die unten stehende Tabelle ein. Bei Unsicherheit frage den jeweiligen Fachlehrer nach dem Sinn einer Aufgabe. Du forderst ihn damit, sich Gedanken über die gestellte Aufgabe zu machen.

Fach	T	L	V	Sonstiges (z.B. D)

DAS MUSST DU WISSEN:

Hausaufgaben dienen unterschiedlichen unterrichtlichen Zwecken.

■ **T: Trainingsaufgaben**
Sie dienen zuerst dem Training von im Unterricht erfahrenen Verfahren und Kenntnissen.

■ **L: Lernerfolgskontrolle**
Zu Hause ist der Schüler in der Regel auf sich gestellt. Er hat keine Möglichkeit, unmittelbar bei seinem Nachbarn oder dem Lehrer

Rückfragen zu stellen. Auf sich angewiesen erkennt der Schüler, ob er den Stoff tatsächlich verstanden hat, der im Unterricht erarbeitet wurde.

■ V: Vorbereitung auf den Unterricht
Insbesondere in den Fächern Deutsch und Gesellschaftskunde werden Texte vorweg gelesen. Die Hausaufgabe dient somit der Vorbereitung auf den Unterricht.

■ D: Disziplinierungsmittel
Hausaufgaben als Mittel zum Disziplinieren von Schülern machen zwar wenig Sinn, sind aber immer noch weit verbreitet – auch den Aspekt müssen wir leider erwähnen.

Du kannst die Aufzählung nach Bedarf erweitern.

3. Hausaufgaben-Check

Jeder Sportler kennt seinen Rhythmus. Zuerst beginnt er mit einer Aufwärmphase, langsam steigert er das Tempo, wechselt über in die Intensivphase, um zum Ende locker „auszulaufen". Hausaufgaben sind ähnlich zu gestalten.

Tipps für effektive Hausaufgaben

Setze Zeiten fest:

Im Tagesverlauf wechseln Leistungstäler und -höhen ab. Jeder hat seine ganz persönlichen Biorhythmus. Häufig liegt die beste Arbeitsphase zwischen 17.00 und 19.00 Uhr. Viele machen aber gerade zwischen 13.00 Uhr und 15.00 Uhr ihre Hausaufgaben, wenn sie mitten in einem Tief stecken. Außerdem entstehen Terminschwierigkeiten, weil die Verabredungen für den Nachmittag drängen. Du musst einen Ausgleich zwischen den schulischen Aufgaben und deinen Freizeitinteressen schaffen.
Suche einen Kompromiss, mit dem du klarkommst. Hast du eine feste Arbeitszeit in deinen Terminplan eingesetzt, dann halte die Termine ein. Lernzeit ist die Zeit zum Lernen und alle anderen Aktivitäten sind tabu. Das steigert die Konzentration.

Plane den Ablauf:

Opfere fünf Minuten für die Planung der Aufgaben. Dieser Einsatz zahlt sich aus. Bücher, Schreibzeug, Papier legst du zurecht. Den Ablauf der einzelnen Fächer nebst Pausen hast du notiert. Nichts kann dich mehr ablenken. Los geht's !

Aufwärmphase:

Leichte Kost ist angesagt. Nimm die Aufgabe, die besonders einfach ist. Verschaffe dir damit ein Erfolgserlebnis. Das ist am Anfang für deine weitere Motivation wichtig! Einfache Wiederholungen gehören ebenso dazu wie Aufgaben, die dich wenig Zeit kosten, aber viel Spaß bringen.

Arbeitsphase:

Dein Motor ist jetzt warmgelaufen. Du kannst auf Touren kommen. Lange schriftliche Übungen, Übersetzungen fremdsprachlicher Texte, ausgiebiges Vokabel-Training sind jetzt zu leisten.

Ausklingen:

Routinearbeiten wie sammeln, einordnen, abheften oder die Tasche für den nächsten Tag packen bilden den Abschluss der Arbeit.

Pausen erwünscht!

■ **Kurze Pause:**
Alle 15 Minuten eine kurze Verschnaufpause einlegen.
Fenster öffnen, Stoßlüften und weiter geht die Arbeit. Räkeln, Arme strecken, Kniebeugen, intensives Ausatmen der verbrauchten Luft … Bewegungen gleich welcher Art sind eine Ablenkung von der Kopfarbeit.

■ **Mittlere Pause:**
Alle 30 bis 45 Minuten – je nach „Kondition" – folgt eine längere Pause von ca. fünf Minuten. Hole dir etwas zu trinken, räume ein paar Sachen weg. Entferne dich von deinem Schreibtisch, setze dich in deine Traumecke (Kap 2.8) und schließe die Augen. Mache eine Fantasiereise, bringe dich in Stimmung. Aber vergiss nicht, die Pause zu beenden!

■ **Große Pause:**
Wie in der Schule steht nach 90 Minuten eine lange Pause von ca. 15 Minuten an. Bewege dich viel und lenke dich mit Beschäftigungen ab, die nichts mit deiner Hausaufgabe zu tun haben. Vergiss nicht, zur Arbeit zurückzukommen!

Trainingsaufgabe: Aufgabenverteilung

DAS BRAUCHST DU:

- Schreibwerkzeug, Papier
- Hausaufgabenheft
- Tagesübersicht bzw. Tagesplan

SO FUNKTIONIERT ES:

Nimm dein Hausaufgabenheft und trage die Reihenfolge der Hausaufgaben zuzüglich Pausen in eine Kopie des Tagesplans auf Seite 44 ein. Üben kannst du an Marcos Hausaufgaben.

Marcos Hausaufgaben:

Marco hat in seinem Aufgabenheft folgende Eintragungen stehen. Ordne die Eintragungen in den Tagesplan ein. Nimm an, Marco beginnt an einem Montag um 14.30 Uhr mit seiner Arbeit. Hinter jeder Aufgabe steht der nächste Unterrichtstermin.

Mathe:	S. 28; 4,5, 7a Gleichungen lösen, Textaufgabe bearbeiten (für Dienstag)
Englisch:	Vokabeln von Lektion 13.1 lernen (für Dienstag)
Französisch:	S. 51: Übungen Grammatik 4-6 beenden (für Dienstag)
Biologie:	Zeichnung des Blutkreislaufs (für Dienstag)
Geschichte:	Text S. 32–34 lesen, dazu fünf schriftliche Fragen formulieren (für Mittwoch)
Politik:	Fragebogen entwerfen, Thema „Wahlrecht für Ausländer" (für Mittwoch)

- Vergleiche deine Ergebnisse mit denen eines Klassenkameraden. Diskutiert über unterschiedliche Aufgabenverteilungen. Es gibt keine für alle verbindliche optimale Reihenfolge, weil jeder andere Neigungs- und Eignungsschwerpunkte hat.
Versuche anschließend, den für dich optimalen Hausaufgabenplan zu entwerfen!

Tagesplan Hausaufgaben

Tagesplan für ...., den				
	Fach	Aufgabe	Schwierigkeiten	ok
14^{00}				
14^{30}				

2.10 Check-up: Klassenarbeit

DARUM GEHT ES:

Klassenarbeiten stehen wie Säulen in der Schullandschaft. Für viele Schüler unüberwindbare Hindernisse auf dem Weg zum Schulerfolg. Nicht selten haben Schüler Angst vor einer Arbeit. Schlaflose Nächte, Schweißausbrüche, Magenschmerzen, Black-outs und andere Symptome der Angst treten regelmäßig vor und während der Arbeiten auf. Beeinträchtigungen der Lernfähigkeit sind die Folgen. Das ist kein Naturgesetz und es gibt Möglichkeiten, diese Angst abzubauen oder gar ganz auszuschalten.

1. Analyse einer geschriebenen Arbeit

SO FUNKTIONIERT ES:

Hier hast du Gelegenheit, deine Klassenarbeit zu überprüfen. Gewiss gibt es eine Arbeit, die dir gut gelungen ist, aber auch eine, die du verhauen hast. Aus der Gegenüberstellung kannst du erste Rückschlüsse über dein Lernverhalten vor Prüfungen ziehen.

Analyse der Klassenarbeit im Fach _____

1. Welche Ziele hattest du dir für diese Arbeit gesetzt?

   _____

   Hast du diese Ziele erreicht? _____

2. a) Wenn ja, nenne Gründe, die zu deinem Erfolg geführt haben!

   ■ _____

   ■ _____

   ■ _____

   b) Wenn nicht, nenne konkrete Gründe, warum du gescheitert bist.

   ■ _____

   ■ _____

   ■ _____

---

3. Welche Defizite zeigt deine Arbeit?

■ _____

■ _____

■ _____

4. Wie willst du diese Defizite aufarbeiten?

■ _____

■ _____

■ _____

5. Welche weiteren Ziele nimmst du dir für die nächste Unterrichtseinheit vor?

■ _____

■ _____

■ _____

6. Durch welche Maßnahmen willst du diese Ziele erreichen?
   Antworte so konkret wie möglich. Vermeide Formulierungen wie
   „Ich muss mehr für das Fach arbeiten!"

■ _____

■ _____

■ _____

■ **Auswertung:** Tauscht eure Erfahrungen untereinander aus und versucht, aus den Beispielen besonders erfolgreicher Vorbereitungen erste Tipps zu formulieren.

Tipps zur besseren Vorbereitung:

• _____

• _____

• _____

• _____

• _____

• _____

2. So bereitest du dich optimal vor

Kurz vor einer Arbeit zu pauken sichert kaum den Lernerfolg. Auch wenn sich viele Schüler so verhalten, ist es eine ungeeignete Methode zur Prüfungsvorbereitung. Zu einer optimalen Einstimmung auf eine Prüfung gehört eine gestaffelte Vorbereitung.

Langfristige Vorbereitung:

- Lerne mit allen Sinnen. Stimme dich positiv auf das Fach, das Thema und den Lehrer ein (Seite 25).

- Setze dir feste, regelmäßige Arbeitszeiten, die ausschließlich für das Lernen reserviert sind (Seite 20).

- Schaffe im Unterricht verwertbare Unterlagen für die Nachbereitung eines Stoffes.

- Alle Prüfungstermine sind langfristig bekannt. Wenn nicht, kümmere dich mit deinen Mitschülern um eine rechtzeitige Bekanntgabe der Termine.

- Trage die Termine in deinen Timer ein.

Wer sich so organisiert, kommt mit einem Minimum an Vorbereitungsarbeit aus. Versäumnisse in diesen Punkten können durch massiven Zeitaufwand in der letzten Phase vor der Arbeit kaum wettgemacht werden.

Mittelfristige Vorbereitung:

- Beginne mit der Vorbereitung so zeitig, dass du alle zur Arbeit zählenden Themen wiederholen kannst!

- Überprüfe, ob du alle Anforderungen der nächsten Prüfung kennst. Frage bei Bedarf bei deinem Fachlehrer nach!

- Überprüfe, welche der Anforderungen du
  - vollständig
  - teilweise
  - im Ansatz
  - gar nicht beherrschst.

- Schreibe dir auf eine Liste, die Punkte auf, die du noch bearbeiten willst. Die Liste gehört an die Pinnwand. Hake jeden Punkt ab, den du erfüllt hast. Das schafft Erfolgserlebnisse!

- Lerne häppchenweise! Kleine, überschaubare Wiederholungen sind sinnvoller als der große Rundumschlag. Bedenke deine Zeiteinteilung. Je später du startest, desto größer die Lernbrocken!

- Spitze die Ohren. Lehrer sprechen zwischen den Zeilen. Achte auf die Wiederholungen in den letzten Stunden vor der Arbeit. Sie verraten viel über die Prüfungsaufgaben.

- Lehrer sind auch nur Menschen und erfinden nicht jedesmal eine neue Arbeit. Versuche, an alte Arbeiten aus vergangenen Jahren zu kommen. Löse die Aufgaben; noch besser, besorge dir besonders gelungene Lösungen!

- Spickzettel sind eine gute Vorbereitung, wenn sie gut gemacht sind. Schreibe dir Stichworte, Formeln, Musterlösungen auf handgroße Zettel. Verteile sie in deinem Arbeitsraum. Schaue sie dir vor deinem inneren Auge genau an. So wirst du dich umso eher während der Arbeit daran erinnern.

Kurzfristige Vorbereitung

- Lernen am letzten Tag führt häufig zu Blockaden des vorher Gelernten. Am Tag vor der Arbeit ist Entspannung angesagt.

- Halte dich von Aufregung fern. Es ist ungeschickt, gerade heute seine Konflikte mit Freunden, Eltern oder andern auszutragen.

- Schau vor dem rechtzeitigen Einschlafen noch einmal in die Themenliste, verschaffe dir nur noch einen kurzen Überblick.

- Mut zur Lücke. Beginne jetzt keine neue Wiederholung.

- Der Vollständigkeit halber: Rauschmittel und Psychopharmaka haben in keiner Phase der Prüfung etwas zu suchen!

Verhalten während der Arbeit:

- Atme tief und langsam durch. Du versorgst so dein Gehirn mit Sauerstoff, vorausgesetzt der Raum ist gelüftet.

- Lies dir den Text, die Aufgabe ruhig und gewissenhaft vor.
  Erkennst du Hilfestellungen?

- Bei Unklarheiten, frage nach!

- Konzentriere dich voll auf deine Arbeit.
  Lass dich von deiner Umgebung nicht ablenken (Seite 28).

- Wende deine Entspannungstechniken an (Seite 31).

- Fordere bei Bedarf vom Aufsicht führenden Lehrer absolute Ruhe ein.

- Bleib cool, wenn sich eine Lösung nicht sofort einstellt. Gib deinem Hirn eine Chance zu arbeiten. Löse erst leichte Aufgaben, kehre dann zu den übersprungenen zurück.

Nachbereitung einer Arbeit:

- Gib dir über den Verlauf der Arbeit und deiner Vorbereitung erste Rückmeldung. Was ist dir besonders gut gelungen, was willst du in Zukunft verbessern?

- Schreibe auf Karteikarten Lob wie Tadel auf. Beides wird gut sichtbar deinen Arbeitsplatz garnieren.

- Nach Rückgabe der Arbeit beginne mit der Auswertung (Seite 45/46).

- Denk dran, eine Niederlage ist noch nicht der Abstieg, aber ein gewonnenes Spiel der erste Schritt zum Klassenerhalt! Wer weiß, vielleicht spielst du ja dieses Jahr in der Champions League?

2.11 Teamfähigkeit – in Gruppen arbeiten

DARUM GEHT ES:

In den Personalabteilungen der Betriebe ist eins ganz klar: 96 % der Personalchefs verlangen von den Bewerbern Teamfähigkeit. Die Energie eines guten Teams ist größer als die Summe dessen, was die einzelnen Teammitglieder einbringen. Die Schule erzieht die Schüler oft zu Einzelkämpfern; Teamfähigkeit bleibt dabei häufig auf der Strecke. Zu lernen, wie man effektiv in Teams arbeitet, bereitet auf die Berufswelt vor. Hier kannst du es üben.

SO GEHT ES:

1. Was macht ein Team aus?
Viele Sportarten sind Mannschaftswettbewerbe. Die Mannschaft braucht den Einsatz aller Mitspieler, wenn sie siegen will.

■ Jeder sucht mindestens 6 Stichwörter, die beschreiben, was alles zu einem Super-Team gehört.

■ Diskutiert in einer Viergruppe eure Stichwörter. Einigt euch auf 10 Begriffe.

■ Gestaltet ein Plakat, das die wichtigsten zwei Begriffe darstellt. Ihr dürft dazu Bilder kleben, malen, zeichnen oder was euch sonst noch einfällt. Lasst hinterher die Mitschüler raten, welche Eigenschaften eines Super-Teams eure Plakate darstellen.

2. Übung: So arbeitet ein Team

Perpedes, der große Automobilkonzern ist unter Druck geraten. Der große Konkurrent Rolls Raus steht kurz davor, sein neues Spitzenklassemodell auf den Markt zu bringen. Und noch ist keine Idee für eine passende Antwort gefunden. Der Leiter der Entwicklungsabteilung von Perpedes sieht nur noch eine Chance: den Einsatz von Kreativteams. Fünf Teams im eigenen Hause sollen die Aufgabe unabhängig voneinander lösen. Das Team mit der besten Teamkompetenz und den besten Ideen bekommt eine Sonderprämie.

■ Bildet per Los Vierergruppen. Jede Gruppe soll die Idee für ein Spitzenklassemodell entwickeln, eine Skizze des neuen Superautos anfertigen, einen Namen erfinden und einen Slogan kreieren. Bevor es losgeht zwei Fragen für jede Gruppe:

1. Wie müsst ihr euch verhalten, damit ihr den anderen Teams aus dem Hause Perpedes überlegen seid? Stellt 5 Regeln auf!

Regeln
1.
2.
3.
4.
5.

2. Welche Verhaltensweisen sind für eine Teamarbeit nicht geeignet? Schreibt diese Verbote auf!

Ungünstiges Verhalten im Team
1.
2.
3.
4.
5.

■ Löst die Aufgabe unter Berücksichtigung der selbst aufgestellten Regeln und Verbote. Achtet bei der Arbeit am neuen Spitzenklassemodell von Perpedes auch darauf, wie eure Teamarbeit funktioniert. Stimmen eure Regeln? Würdet ihr sie am Ende der Arbeit anders formulieren?

■ Unterhaltet euch hinterher kritisch über die Teamarbeit. Seid ihr
mit dem Ergebnis zufrieden? Wart ihr mit dem Arbeitsprozess zufrieden? Haben sich alle einbringen können? Was lief gut, was
könnte besser laufen?

■ Stellt eure Ergebnisse im Plenum vor. Berichtet über euren
Gruppenprozess.

■ Was bedeuten die Ergebnisse für eure Arbeit in der Schule?

2.12 Mit Konflikten umgehen

Ungeklärte Konflikte binden unsere Aufmerksamkeit und damit
auch Energien. Das zielstrebige Arbeiten und Lernen in Teams oder
Arbeitsgruppen kann so beeinträchtigt oder gestört werden.
Oft sind nicht die Konflikte in der Schule das eigentliche Problem,
sondern die Art und Weise, wie wir mit ihnen umgehen. Ein positiver
Umgang mit Konfliktsituationen bietet eine Menge Chancen, in der
(Lern-)Situation besser zurecht zu kommen und für den zukünftigen
Alltag in Schule, Familie und Beruf zu lernen.

DARUM GEHT ES:

Du kannst die Regeln für den Umgang mit Konflikten selbst bestimmen. Wichtig ist, dass alle in der Klasse damit übereinstimmen. Und
sich im Konfliktfall auch tatsächlich daran halten.

SO GEHT ES:

1. Konfliktlösung braucht Regeln

■ Überlegt euch zu zweit 7 Regeln, die ihr für das Lösen von Konflikten für wichtig haltet. Ihr habt dafür 10 Minuten Zeit.

1.
2.
3.
4.
5.
6.
7.

■ Bildet dann Vierergruppen. Tauscht eure Regeln miteinander aus
und schreibt gemeinsam die 10 Regeln heraus, die für euch die wichtigsten sind.

1.
2.
3.
4.
5.
6.
7.
8.
9.
10.

■ Stellt anschließend die Regeln im Plenum vor und besprecht sie. Könnt ihr euch gemeinsam auf 10 Regeln einigen, die alle teilen können?

■ Schreibt diese Regeln auf ein großes Plakat und hängt es in eurer Klasse auf.

■ Überlegt, wie ihr die Regeln in Zukunft einhalten könnt.

2. Schritte zur Konfliktlösung

DAS BRAUCHT IHR:

Schreibzeug

DAS MÜSST IHR WISSEN:

Die folgenden 6 Schritte findet man immer wieder, wenn es um das Lösen von Konflikten geht.

> **1. Schritt:** Die Konfliktsituation genau beschreiben
> **2. Schritt:** Mögliche Lösungen vorschlagen
> **3. Schritt:** Die Lösungsvorschläge bewerten
> **4. Schritt:** Den besten Lösungsvorschlag auswählen
> **5. Schritt:** Die Entscheidung in die Praxis umsetzen
> **6. Schritt:** Das Ergebnis der Konflikt-Lösung überprüfen

SO GEHT ES:

■ Vergleicht in einer Vierergruppe die 6 Schritte mit euren eigenen Regeln für die Konfliktlösung. Benennt Gemeinsamkeiten und Unterschiede.

■ Anhand einer Geschichte könnt ihr in der Gruppe die ersten vier der obigen Regeln zur Streitschlichtung ausprobieren:

Die Situation

Zwei Teams kommen auf den Sportplatz und wollen trainieren. Die eine Mannschaft möchte Fußball spielen, die andere spielt bereits Volleyball. Das Volleyballteam nimmt in der nächsten Woche an einem Turnier teil. Auch die Fußballmannschaft möchte den Platz nutzen, da sie in den letzten Wochen darauf trainiert hat, kommt aber nicht zum Zuge, da das Volleyballteam den Platz für sich behauptet. Schon bald kommt es zwischen den Mannschaften zum Streit.

Der Trainer des Volleyballteams greift ein ......

---

1. Worin genau besteht der Konflikt?

_____

_____

_____

---

2. Sucht nach möglichen Lösungsvorschlägen. Wer soll sich wie verhalten?

_____

_____

_____

---

3. Bewertet die Vorschläge/erstellt eine Rangfolge.

_____

_____

_____

4. Wählt die beste Lösung aus.

_____

_____

_____

■ Stellt das Gruppenergebnis im Plenum vor. Diskutiert eure Vorschläge.
Was ist wirklich die beste Lösung für den Vorfall?

Lernprozesse organisieren

3

3.1 Aus der Rolle fallen

Jeder spielt in seinem Leben viele verschiedene Rollen – meist, ohne es zu merken: die Rolle als Schüler, Tochter, älterer Bruder, Kumpel … Hinter allen Rollen steht eine Person, die auf ihre Umgebung unterschiedlich reagiert. Wer sich diese „Rollen" bewusst macht, kann spielerisch mit ihnen umgehen. Er erlebt seltener Rollenkonflikte.

Man kann solche „Rollenspiele" auch nutzen, um sich in bestimmte Situationen und Menschen hineinzuversetzen. So kann man spielerisch bestimmte Haltungen, Meinungen, Überzeugungen austesten: Wie fühlt es sich an, einmal Lehrer zu sein? Wie denkt ein Jugendlicher, der von Eltern, Freunden, Lehrern ausgegrenzt wird?

Rollengespräch und Rollenspiel sind also Mittel zum Probehandeln. So könnt ihr durch die Identifikation mit einer fremden Rolle vielleicht etwas mehr über andere erfahren, Sachverhalte aus allen Blickwinkeln betrachten und Vorurteile abbauen bzw. Annäherung schaffen. Dies gilt auch und besonders für die Zuschauer eines Rollenspiels, die über die aktive Betrachtung alle Positionen wahrnehmen und abwägen können.

Rollenspiel und Rollengespräch sind immer angeleitet, das heißt über Rollenkarten bekommen die Spieler Hilfen für die Ausgestaltung ihrer Rolle. Man spricht von einem offenen Rollenspiel, wenn die Rolle nach eigenen Erfahrungen ausgestaltet werden kann, bei einem gelenkten Rollenspiel sind die Vorgaben strenger und strukturierter. Meist können die Spieler sich eine Zeit lang auf ihre Rolle vorbereiten. Genaueres dazu verrät die folgende „Checkliste Rollenspiel".

Das Rollengespräch ähnelt mehr einer Podiumsdiskussion: die Teilnehmer tauschen vor dem Podium in ihren Rollen Argumente und Meinungen aus. Im Rollenspiel kann auch agiert werden, d.h. eine typische Situation wird nachgespielt.

SO GEHT ES:

A) Checkliste Rollenspiel/ Rollengespräch

1. Vorbereitung
• Was ist das Thema und in welcher Situation wird es gezeigt?
• Welche Rollen werden benötigt und wer spielt sie? Anlegen von Rollenkarten
• Planen der Situation und Überlegen bzw. Schreiben von Rollentexten
• Lernen der Texte
• Proben bzw. Durchspielen von Teilszenen
• Abwandlungen bzw. Rollenwechsel überprüfen
• Beim Rollenspiel: Gestaltung der Szene mit Requisiten

2. Ablauf
• Spielszene aufführen

3. Auswertung
• Feedback der Schauspieler: Wie haben sie sich bei der Aufführung gefühlt? Entsprach der Verlauf ihren Erwartungen? Spontane Äußerungen, auch über wahrgenommene Gefühle, sind hier möglich. Kam eine neue Erkenntnis in der Rolle zum Tragen? Haben sie sich in ihrer Rolle wohlgefühlt?
• Feedback des Publikums: Gab es neue Erkenntnisse? Was haben sie beim Rollenspiel empfunden? Welche Position stand ihnen am nächsten? Welche Rolle würden sie gerne übernehmen? Kritik an den schauspielerischen Leistungen ist strikt verboten.
• Ist das Rollenspiel/Rollengespräch die geeignete Methode zur Erarbeitung des Themas?

B) „Kinder haben Rechte?" – ein Rollengespräch

◆ Überlegt euch in Sechsergruppen, welche Rollen sich für dieses Gespräch anbieten: Kinder verschiedenen Alters, autoritäre Eltern, Politiker, Werbemanager, Gesprächsleiter/ Moderator ...

◆ Reduziert die Zahl der Rollen auf die wirklich wichtigen Positionen; zu große Gesprächsrunden werden zäh und uneffektiv.

◆ Bereitet die Rollen vor. Schreibt dazu kurze Charakteristika auf die Rollenkarten: Name, Alter, Werdegang, Überzeugung der jeweiligen Person ...

Beispiel: autoritärer Vater

Name:	Hans-Peter Knapp
Alter:	47 Jahre
Beruf:	Verwaltungsangestellter
Werdegang:	wurde selber sehr streng erzogen; musste früh Verzicht und Beschränkung auf das Wesentliche lernen; kam mit 15 in die Lehre, seither Verwaltungsangestellter.
Überzeugungen:	er hatte auch keine Rechte als Kind; Härte hat noch keinem geschadet; Kinder können noch gar nicht selbst entscheiden, brauchen Erwachsene, die für sie das Leben mit klaren Grenzen regeln; Strafen dienen dazu, Kindern die Konsequenzen ihres Tuns aufzuzeigen; Kinder müssen gehorchen.
Kernsatz:	Freche Kinder brauchen meine Rechte – aufs Hinterteil!

◆ Verteilt die Rollen, legt Eckpunkte der Argumentation fest, verständigt euch über mögliche Argumente oder Kernsätze einer jeden Rolle. Wenn einem Rollenspieler nichts mehr einfällt, kann er immer diesen Kernsatz äußern und darüber wieder in seine Rolle kommen.

◆ Führt das Rollengespräch vor allen anderen durch.

◆ Nehmt euch Zeit für die Auswertung, wie oben beschrieben.

C) „Sascha nervt!" – ein Rollenspiel

Die Situation:

Sascha, ein Schüler der 8. Klasse, fällt in den vergangenen zwei Monaten mit einem Verhalten auf, das seine Mitschüler und die Klassenlehrerin so von ihm nicht kannten: Sascha tritt und boxt Mitschüler und stört oft den Unterricht. Die Klassenlehrerin Frau Otto versucht mehrmals, mit Sascha ein Gespräch zu führen: erfolglos. Daraufhin ruft Frau Otto Saschas Eltern an und bittet sie beide zu einem Gespräch in die Schule. Während des Gesprächs stellt sich heraus, dass Saschas Beziehung zu seinem Vater das Problem darstellt, weil Saschas Bedürfnisse denen seines Vaters entgegenstehen. Sascha möchte die Schule verlassen, sein Vater will unbedingt, dass Sascha das Abitur macht.

Die Aufgabe:

◆ Entwickelt für diese Konfliktsituation in einer Gruppe mit sechs Schülern ein Rollenspiel mit einer offenen Struktur.

◆ Legt eure Rollen fest und bestimmt einen Beobachter. Wer übernimmt welche Aufgabe?

◆ Überlegt euch anhand dieser Konfliktsituation die Vorgaben für die einzelnen Rollen.

Hinweis:

In Konfliktsituationen ist es für die Betroffenen wichtig, zu einer Lösung zu kommen. Nicht immer muss nur eine einzige Lösung die richtige sein. Sucht nach mehreren möglichen Lösungen. Wer „siegt", wer „verliert", oder finden die Konfliktpartner eine Lösung, die von beiden angenommen werden kann?
◆ Wie gestaltet sich die Lösung, wenn der Vater „siegt" und Sascha „verliert"?
◆ Wie sieht es aus, wenn Sascha „siegt" und sein Vater „verliert"?
◆ Wie gestaltet sich die Lösung, wenn Sascha und sein Vater eine für beide annehmbare Lösung finden ?

Auswertung:
◆ Diskutiert eure Erfahrungen im Plenum und überlegt gemeinsam einen Weg, welche Hilfsangebote ihr schwierigen Schülern eurer Klasse / eures Jahrgangs in Zukunft machen könntet.

D) Zusatz-Aufgabe „Rollentypen"

Hier habt ihr eine kleine Auswahl typischer Rollenfiguren. Schreibt ihre Kurzcharakteristika in die Kästchen. Wie müsste sich ein Gesprächsleiter (GL) ihnen gegenüber verhalten?

Der Alleswisser:

Charakteristik:

Verhalten GL:

Der Redselige:

Charakteristik:

Verhalten GL:

Der Streiter:

Charakteristik:

Verhalten GL:

Der Ablehnende:

Charakteristik:
Verhalten GL:

Der Schüchterne:

Charakteristik:
Verhalten GL:

◆ Sucht nach weiteren typischen Rollenfiguren.

Typ:
Charakteristik:
Verhalten GL:

3.2 Planspiel

DARUM GEHT ES:

Ein Planspiel ist eine Art „Wirklichkeit im Guckkasten" – ihr spielt eine Problemsituation aus der erlebten/erlebbaren Wirklichkeit als Simulation in der Schule durch. Dabei könnt ihr Entscheidungen ausprobieren und zu eigenständigen Lösungen kommen. Diese Lösungen sollten, wie in der „Wirklichkeit", praktisch umsetzbar sein.
Das Planspiel macht anschaulich Problemlösungsstrategien deutlich. Dabei fordert und fördert es Selbstständigkeit, Kreativität, Kommunikation und Teamarbeit.

SO GEHT ES:

A) Checkliste für ein Planspiel:

1. Planungsphase
◆ Beschreibung der Problemsituation
◆ Erarbeitung des Problems/Konflikts; Besorgen von Unterlagen
◆ Klärung der eigenen Interessen; Festlegung der Zielsetzung
◆ Festlegung der einzelnen Spieletappen
◆ Entwicklung der Rollenkarten mit Arbeitsaufträgen

2. Problemklärung
◆ In Kleingruppen Lösungen für den Konflikt suchen
◆ Unterlagen als Hilfsmittel nutzen

3. Verhandlungs- und Entscheidungsphase
◆ Lösungen der Kleingruppen im Plenum vortragen
◆ Lösungsangebote begründen
◆ Beste Lösung oder Kompromisslösung suchen
◆ Über die Lösungsangebote abstimmen

4. Auswertungsphase
Als erstes werden die bekannten Auswertungsfragen beantwortet: Wie erging es uns im Spiel, wie haben wir uns gefühlt, was hat uns gefallen, was nicht ... Anschließend werden spezielle auf das Planspiel bezogene Fragen gestellt, insbesondere nach
◆ der sachlichen Zusammenarbeit
◆ der Kommunikation in den Gruppen/im Plenum
◆ der Qualität des Simulationsspiels/des Planspiels (Bezug zur Wirklichkeit)
◆ und nach der Qualität der Lösungen in Bezug auf Umsetzung in der Praxis

B) Planspiel „Drogen"

DAS BRAUCHT IHR:

• Schreibwerkzeug
• Sach- und Fachinformationen
• Rollenkarten
• Arbeitskarten

In jeder Kommune gibt es ein Problem mit Drogen: Jugendliche, die Drogen nehmen, Dealer, kriminelle Drogenbeschaffung ... Viele öffentliche Stellen arbeiten an dem Problem, versuchen, seiner Herr zu werden: Drogenberatungsstellen, Polizeidienststellen, Streetworker ...

SO GEHT ES:

Führt ein Planspiel zum Thema „Drogen" durch, in dem ihr Lösungsmöglichkeiten für eure Kommune, euren Stadtteil, euer Dorf erarbeitet. Geht nach dem folgenden Plan vor:

◆ Bildet Gruppen zu fünf bis sechs Schülerinnen und Schülern.

◆ Verteilt die Aufgabenbereiche und besorgt euch Informationen über das Drogenproblem in eurer Gegend: bei der Drogenberatungsstelle, bei der Polizei, beim Jugendamt, bei sozialen Diensten. Sucht auch im Internet nach grundlegenden Informationen zum Thema.

◆ Wertet die Informationen aus:
  • Wie ist die Problemsituation in unserer Gemeinde zu beschreiben? Welche Erwartungen bestehen, was sind die Folgen für die Betroffenen, die Gemeinde, die Menschen der Umgebung?
  • Was sind unsere eigenen Interessen und Zielsetzungen?

◆ Entwickelt Arbeitskarten für die Spieletappen:
  • Planungsphase: Wie ist die Arbeit zu organisieren?
  • Problemklärung: Was soll in den einzelnen Gruppen geklärt werden? Welche Lösungen sind möglich bzw. wünschenswert?
  • Verhandlungs- und Entscheidungsphase: Wie werden die Ergebnisse präsentiert? Wie kommen wir zu einer Entscheidung?
  • Auswertungsphase: Wie setzen wir die Erfahrungen mit dem Planspiel um? Was nützen sie uns für unseren eigenen Umgang mit dem Problem?

◆ Entwickelt Rollenkarten: Welche Rollenkarten benötigen wir in diesem Planspiel? Welche Rollen sind essenziell und unverzichtbar? Welche spezifischen Hinweise müssen wir bei der Entwicklung der einzelnen Rollen beachten?

◆ Führt das Planspiel durch.

3.3 Metaplan

DARUM GEHT ES:

Teamarbeit erfordert von den Teilnehmern schnelles Denken, die Fähigkeit, gemeinsam an einer Aufgabe zu arbeiten und Probleme kreativ zu lösen. Teamgespräche verlaufen in der Regel so, dass ähnlich wie beim Brainstorming nur der Hörsinn angesprochen wird. Was wir nur hören, vergessen wir jedoch besonders schnell. Die Metaplan-Technik kann hier über eine Visualisierung und Strukturierung diesem Problem entgegenwirken; sie trägt dazu bei, dass alle Gruppenmitglieder sich am Arbeitsprozess beteiligen und ihre Stärken voll einbringen.

SO GEHT ES:

A) Vorbereitung

Für einen Metaplan braucht ihr idealerweise
- transportable Pinnwände oder Stellwände,
- braunes Packpapier zum Abdecken der Wände,
- Karten unterschiedlicher Größe, Form und Farbe; sind keine Kartons zum Schneiden der Karten vorhanden, können auch Papierstreifen genommen werden,
- Filzstifte unterschiedlicher Breite und Farbe, möglichst mit Nachfüllpatronen, sowie Klebestifte,
- Stecknadeln, Klebepunkte, grafische Elemente wie Pfeile, Wolken, Blitze, Punkte, die ihr zur Unterstützung der Visualisierung aus farbigem Kartonbogen schneidet,
- eine Kamera, um hinterher ein Fotoprotokoll der Wände zu erstellen und
- ein Gruppenmitglied oder den Lehrer als Moderator.

B) Übung „Klimaveränderung"

Die ständig steigende Erwärmung der Erdatmosphäre ist eine der größten Gefahren für die Menschheit. Wie ist sie entstanden, welche Folgen hat sie und was kann man tun, um die drohende Klimakatastrophe noch zu verhindern?

> Bei der Strukturierung dieses Themenfeldes kann ein Metaplan gute Dienste leisten.
>
> ◆ Bildet Vierergruppen. Überlegt, welche Fragen und Punkte euch im Zusammenhang mit dem Thema besonders wichtig sind. Sammelt die einzelnen Punkte auf einem Blatt.
>
> ◆ Fehlen euch noch Informationen? Eine gut verständliche Erklärung des Themas findet ihr in „Edgars Welt", Heft 2, Thema Klima. (Fragt bei eurem Energieversorgungsunternehmen danach.)
> Informationen zum Thema gibt es auch in jeder Bibliothek oder im Internet.

◆ Erstellt eine Übersicht, in der ihr eure Überlegungen, Fragen und Antworten sowie Meinungen den folgenden Kategorien zuordnet.

Klimaveränderung: Ursachen, Folgen und Gefahren				
Problem	Ursachen	Mögliche Folgen	Was müssen wir tun?	Aktionen

◆ Ordnet eure Ideen nach der Wichtigkeit.

◆ Der Moderator sammelt eure Fragen/Ideen im Plenum an einer vorbereiteten Pinnwand. So entwickelt ihr gemeinsam ein Plakat, auf dem alle wichtigen Punkte den fünf Kategorien zugeordnet sind. Vergleicht eure Ergebnisse mit denen der anderen Gruppen. Ihr könnt unmöglich alle Punkte auf einmal angehen. Daher ist es wichtig, die wichtigsten auszuwählen.

◆ Das macht ihr mit Hilfe der Einpunktabfrage: Jeder erhält fünf Klebepunkte und klebt jeweils einen in ein Feld jeder der fünf Spalten. Der Klebepunkt kennzeichnet, was euch in der Kategorie am wichtigsten ist.

◆ Wertet die Punktabfrage aus: Kennzeichnet die beiden Felder in jeder Spalte, die die meisten Punkte erhalten haben.

◆ Geht wieder in die Vierergruppen zurück und überlegt euch für die gekennzeichneten Inhalte/Fragen einen Aktionsplan, also ein strategisches Vorgehen.

◆ Findet euch noch einmal im Plenum zusammen und stimmt gemeinsam das weitere Vorgehen ab: Beschaffen weiterer Informationen, Zusammenstellen verständlicher Informationen für Mitschüler anderer Klassen, Verhaltensänderung, Aktionen … Verständigt euch auf wenige, aber wirkungsvolle Aktivitäten.

C) Moderatoren-Übung „Öffnungszeiten"

Die folgende Übung könnt ihr gemeinsam in Partnerarbeit durchführen. Dem Moderator kommt bei der Vorbereitung und Durchführung eines Planspiels eine wichtige Rolle zu: Er muss den Raum entsprechend vorbereiten, den Prozess an der Pinnwand strukturieren und die Ideenfindung anregen.

In einer mittelgroßen Stadt soll über die Änderung der Ladenschlusszeiten und den Sonntagsverkauf gesprochen werden. Eingeladen sind Sprecher des örtlichen Einzelhandels, Vertreter der Industrie- und Handelskammer, der Gewerkschaften, der Verbraucherverbände, Sprecher der Kirchen und schließlich betroffene Anwohner. Einer von euch ist als Moderator für diese Diskussionsrunde verpflichtet worden.
Der Auftraggeber dieser Moderation erwartet einen Maßnahmenkatalog im Zusammenhang mit der Verlängerung der Öffnungszeiten.

◆ Wie gestaltet ihr den Einstieg? Die Eingeladenen kennen sich untereinander nicht. Die meisten kommen am Abend vielleicht gereizt nach ihrer Arbeit zu dieser Veranstaltung. Es ist eine sehr kontroverse Diskussion zu erwarten.
Ihr möchtet zum Empfang die Teilnehmer in gute Laune versetzen. Die Teilnehmer betreten den Tagungsraum. Was finden sie vor?

◆ Als Moderator solltet ihr euch auf mögliche Reaktionen der Teilnehmer einstellen. Welche Position erwartet ihr in der Frage der Verlängerung der Öffnungszeiten von

• den Vertretern des Einzelhandels

• den Gewerkschaften

• den Kirchen

• den Verbraucherverbänden _____ _____

_____

_____

• den Bewohnern? _____

_____

◆ Welche Themenschwerpunkte kann man daraus bilden?			

◆ Erstellt Collagen zur Darstellung der Themenschwerpunkte.

◆ Bereitet ein Rollenspiel vor: Neben den Vertretern der Intereressengruppen braucht ihr noch zwei Moderatoren. Alle müssen sich auf ihre Rollen gut vorbereiten. Wie das geht, findet ihr auf den Seiten 57–62 beschrieben.

TIPP:
Die Collagen nehmt ihr als Dekoration für das Rollenspiel.

3.4 Einzel-, Partner-, Gruppen-arbeit: Sozialformen des Unterrichts

DARUM GEHT ES:

Unterricht kann auf die unterschiedlichsten Arten und Weisen abgehalten werden. Im **lehrerzentrierten Frontalunterricht** steuert der Lehrer das Lernen, indem er vorträgt, abfragt, erklärt. Das kann für bestimmte Themen und Fächer sinnvoll sein, wird aber auf Dauer von vielen Schülern als ermüdend und langweilig empfunden. Die Aufmerksamkeit schwindet. Man macht „dicht", lernt nichts mehr.

Andere Unterrichtsformen wie die **Freiarbeit** oder **offener Unterricht** legen die Entwicklung und den Verlauf des Lernens stärker in die Hand der Schüler. Der Lehrer hat hier die Funktion des Kontrollierens und Unterstützens. Die Vorteile sind offensichtlich: Jeder kann in einem bestimmten Rahmen sein eigenes Lerntempo bestimmen, das Lernen wird interessanter und abwechslungsreicher.

Einzel-, Partner- und Gruppenarbeit sind die so genannten „Sozialformen" des offenen Unterrichts. Jede hat ihre spezifischen Vorteile, jede ist für bestimmte Arbeiten besser geeignet als die anderen.

SO GEHT ES:

A) Sozialformen

◆ **Einzelarbeit** zum Beispiel eignet sich ideal für das Pauken von Regeln, Vokabeln, Fakten. Mathematik und die naturwissenschaftlichen Fächer sind typische Fächer für die Einzelarbeit.

◆ **Partnerarbeit** eignet sich für Lernkontrolle (gegenseitiges Abfragen), recherchieren im Internet, diskutieren einer klar umrissenen Aufgabenstellung, gemeinsame Arbeit an einem Text, für den Kunst- und Sportunterricht.

◆ **Gruppenarbeit** kann seine Vorteile entfalten, wenn es um die Diskussion und kreative Erarbeitung größerer Themen oder Fragestellungen geht, wenn Ergebnisse offen und Prozesse wichtig sind. Rollenspiele, Projektarbeiten, umfangreiche Recherchen lassen sich so ideal organisieren. Traditionell wird Gruppenarbeit in den geisteswissenschaftlichen Fächern wie Deutsch, Sprachen, Politik, Sozialkunde, Geschichte praktiziert. Es spricht aber auch nichts dagegen, in Physik gemeinsam ein Rollenspiel zum Thema Ozonloch durchzuführen oder in Kunst zu viert ein Denkmal zu gestalten.

B) Vorteile von Gruppenarbeit

◆ Bei der Gruppenarbeit müssen nicht alle das gleiche machen; d.h. jeder kann sich seinen Fähigkeiten gemäß einbringen. Jedes Team gewinnt durch dieses Zusammenspiel eine zusätzliche Kraft, die neue Zusammenhänge und Lösungen erst möglich macht. Teamarbeit wird daher heute in der Arbeitswelt als Fähigkeit sehr geschätzt.

◆ Während der Kleingruppenarbeit tauchen Konflikte auf, die von den Gruppenmitgliedern selbst gelöst werden müssen. Gruppenarbeit fördert so die Fähigkeit zu sozialem Verhalten und zum Konfliktmanagement.

◆ Gruppenarbeit fördert die Freiheit und die Leistungsfähigkeit der Schüler, weil eine rigide Steuerung durch den Lehrer entfällt.

◆ Der Informationsaustausch und das gemeinsame Erarbeiten von Lösungen fördert die emotionale Zufriedenheit der Schüler – eine wichtige Voraussetzung dafür, lange motiviert zu arbeiten.

◆ Gruppenarbeit provoziert Fragen: Schüler stellen während einer Phase der Gruppenarbeit etwa 250 mal so viel Fragen wie im Frontalunterricht. Dies zeigt, dass die Schüler sich sehr viel stärker mit dem Inhalt der Arbeit identifizieren, als dies im Frontalunterricht geschieht.

◆ Gruppenarbeit fördert Schüler, die langsamer lernen oder nicht über eine ausgeprägte sprachliche Intelligenz verfügen (siehe Kapitel 2.1). Sie können ihre Form der Intelligenz in die Gruppe einbringen und diese dadurch bereichern. So kann ein sozial besonders intelligenter Schüler unter Umständen Konflikte in der Gruppe auflösen und so den Arbeitsprozess fördern.

◆ Gruppenunterricht fordert zur gegenseitigen Hilfe und zum wechselseitigen Zuhören heraus. So werden soziale Fähigkeiten, die im Frontalunterricht wenig gebraucht oder durch den Lehrer gesteuert werden, trainiert, was das Klima in der Klasse zum Positiven verändern kann.

C) Organisation von Gruppenarbeit

◆ Die Klasse teilt sich in kleinere Gruppen auf, mindestens drei, höchstens fünf Personen sind ideal. Größere Gruppen sind möglich. Nachteilig ist aber oftmals, dass die Kommunikation mit zunehmender Gruppengröße schwieriger wird.

◆ Die Gruppenmitglieder setzen sich zusammen um einen oder zwei Tische, so dass die Kommunikation leicht möglich ist und jeder sich Notizen machen kann.

◆ Die Kleingruppen arbeiten selbstständig. Der Lehrer, der zuvor die Aufgabe für die Kleingruppenarbeit gestellt und die Bedingungen fixiert hat, steht als Berater und Unterstützer bei Problemen zur Verfügung.

◆ Wenn die Kleingruppenarbeit länger als 15 Minuten dauert, bestimmen die Kleingruppen einen Gruppenleiter, der für einen geordneten Ablauf der Arbeit sorgt.

◆ In der Kleingruppe wird ein Protokollant bestimmt, der den Ablauf oder nur die Ergebnisse der Arbeitsphase mitschreibt. (In Kapitel 4.5 könnt ihr nachlesen, wie man Protokolle anfertigt.)

◆ Für die Gruppenarbeit gelten bestimmte Gesprächsregeln, an die sich alle Gruppenmitglieder halten sollen. Der Gruppenleiter sorgt dafür, dass die Regeln eingehalten werden.

◆ Überlegt euch gemeinsam, wie ihr die Ergebnisse der Gruppenarbeit vorstellen wollt und wer dies tun soll. Anregungen für die Präsentation von Ergebnissen bietet das Kapitel 5.

D) Aufgabe: Kommunikation in der Gruppenarbeit

Gruppenarbeit fördert die Kommunkation der Gruppenmitglieder. Diese Kommunikation verläuft meist „unsymmetrisch": Es gibt immer Teilnehmer, die sich mehr beteiligen als andere; oft bestimmt die Unterhaltung zwischen bestimmten Teilnehmern den Verlauf der Arbeit. Das muss nicht schlecht sein: Nicht alle haben die gleichen Fähigkeiten. Wichtig ist, dass jeder sich seinen Qualitäten gemäß einbringen kann.
Macht dazu einen Test. Bei der nächsten Gruppenarbeit beobachtet ein Gruppenmitglied das Kommunikationsverhalten der anderen und führt darüber Buch.

◆ Wer redet wie lange?

Redezeit
Schüler A
Schüler B
Schüler C
Schüler D
Schüler E

◆ Wer redet mit wem? (pro Ansprache ein Strich)

A mit B	A mit C	A mit D	A mit E
B mit A	B mit C	B mit D	B mit E
C mit A.	C mit B	C mit D	C mit E
D mit A	D mit B	D mit C	D mit E
E mit A	E mit B	E mit C	E mit D

◆ Sprecht anschließend gemeinsam über die Ergebnisse.
Müsst ihr etwas an der Struktur eurer Kommunikation ändern?

E) Beobachtungsbogen für Gruppenarbeit

Setzt euch nach einer Gruppenarbeit zusammen und versucht, die folgenden
Fragen zu beantworten. Diskutiert die Antworten anschließend im Plenum.

◆ Welche Themen eignen sich zur Gruppenarbeit, welche nicht?

_____

_____

◆ Was passiert, wenn Gruppenmitglieder vom Thema abschweifen?
   Wenn es einen Gruppenleiter gab, wie hat er sich verhalten?

_____

_____

◆ Werden die Gesprächsregeln eingehalten? Was geschieht, wenn sie verletzt werden?

_____

_____

◆ Gibt es Protokolle? Wie gut sind sie? Wie könnte man sie verbessern?

_____

_____

◆ Wie schnell einigen sich die Gruppenmitglieder bei Fragen, die alle angehen?
   Wie kann man die Entscheidungsprozesse verbessern?

_____

_____

◆ Wie laufen diese Entscheidungsprozesse ab?

_____

_____

◆ Was geschieht bei Konflikten?

_____

_____

◆ An welchen Stellen genau müsste der Arbeitsprozess verbessert werden?
   Wie soll die Verbesserung aussehen? Wer müsste dabei wann was genau tun?

_____

_____

◆ Wie beurteilt ihr die Ergebnisse der Gruppenarbeit? Was lässt sich verbessern? Wie?

_____

3.5 Info: Projektarbeit

DARUM GEHT ES:

Bei einem Lern-Projekt sind drei Aspekte besonders wichtig:

a) zeitliche und räumliche Erweiterung des Unterrichts
Bei Projekten wird der 45-Minuten-Takt des „normalen" Unterrichts durchbrochen: An einem Projekt könnt ihr den ganzen Schultag oder auch mehrere Tage arbeiten. Auch der Ort der Arbeit muss nicht unbedingt die Schule sein: sie kann je nach Thema z.B. im Wald erfolgen oder an verschiedenen Orten in der Stadt.

b) Schülerorientierung
Arbeit in Projekten beteiligt die Schüler aktiv am Geschehen: sie sollen mitplanen, mitdurchführen und auch gemeinsam mit dem Lehrer auswerten, wie das Projekt angekommen und welche Erfolge es gehabt hat.

c) fächerübergreifendes Lernen
In der Projekt-Arbeit wird die Welt als System verstanden. Unterrichtsthemen werden aus der Sicht verschiedener Fächer gleichzeitig betrachtet. Das Thema „Mobilität" z.B. berührt Aspekte von Geschichte (Geschichte der Mobilität), Physik (Antrieb, Bremswege …), Deutsch (Die Gedichte der Futuristen), Kunst (Gestaltet euer Traum-Mobil der Zukunft), Philosophie (Je schneller wir werden, um so weniger bewegt sich unser Körper) …

SO GEHT ES:

Ein „Projekt" ist die freie Arbeit an einem Thema. Je kleiner, sprich kürzer das Projekt ist, um so weniger tief schürfend kann das Thema erarbeitet werden.

Projekte werden in der Regel in Teilprojekte aufgeteilt. Diese Teilprojekte werden von Arbeitsgruppen bearbeitet. Dabei kann jede Arbeitsgruppe in der Regel für sich definieren, wie und mit welchen Methoden sie ihren Themenbereich bearbeitet und auf welche Weise sie das Ergebnis gestaltet. An einem vorher vereinbarten Zeitpunkt stellt jede Arbeitsgruppe den anderen dieses Ergebnis ihrer Arbeit vor. So ergibt sich für alle ein Gesamtbild des Themas, das über die eigenen Erkenntnisse hinausgeht.

Es gibt **Klassenprojekte**, die über mehrere Wochen im Rahmen eines Fachs ein Thema behandeln.

Bei einem **Projekttag** arbeitet die ganze Schule für die Dauer eines Tages zu dem betreffenden Thema.

Eine **Projektwoche** versetzt für eine ganze Woche die Schule in den Ausnahmezustand. Da werkeln, proben, schauspielern, texten, diskutieren die Arbeitsgruppen, oft klassenübergreifend, bis freitags allen Mitschülern und oft auch Eltern die bunte Ergebnispalette präsentiert wird.

3.6 Info: Lernwerkstatt

DARUM GEHT ES:

Die Lernwerkstatt oder der Lernzirkel sind wie die Projektarbeit offene Unterrichtsformen. Diese „Werkstattarbeit" oder auch das „Lernen an Stationen" wird in der Schule immer häufiger praktiziert, weil sie das Unterrichtsgeschehen für alle Beteiligten entlastet. Sie berücksichtigt in besonderer Weise Unterschiede bei den Lernvoraussetzungen der Schüler, ihrem Lernverhalten und bei ihrem Lern- und Arbeitstempo. Und Ziele wie Selbstständigkeit, Eigeninitiative und Eigenverantwortung lassen sich mit offenen Unterrichtsformen sehr gut verwirklichen.

Entwickelt hat sich die Lernzirkelarbeit für alle Fächer aus dem Zirkeltraining im Sportunterricht. Das Prinzip des Stationenlernens im Sport, bei dem während einer vorgegebenen Dauer an einer Trainingsstation bestimmte Übungsformen zu verrichten sind, wurde auf andere Fächer übertragen.

SO GEHT ES:

Bei der Lernzirkelarbeit wird den Schülern das gesamte Thema des Unterrichts – in der Regel das Thema einer Unterrichtsreihe – in einzelnen Lernstationen angeboten. An jeder Lernstation wird ein Themenaspekt behandelt. Die Schüler bearbeiten an Hand der Aufgaben (manchmal werden Wahl- und Pflichtaufgaben unterschieden) das bereitgestellte Material, meist Arbeitsblätter. Bevor eine neue Station begonnen werden kann, müssen alle Pflichtaufgaben an einer Lernstation erledigt sein. Die Reihenfolge der Lernstationen ist allerdings beliebig. Die Ergebnisse werden in einem Schnellhefter oder einem Schulheft notiert, so dass am Ende der Arbeit mit dem Lernzirkel ein eigenes „Buch" bzw. eine Mappe zum Thema entstanden ist. Dokumentiert wird die Arbeit auf einem Laufzettel, der Schülern und Lehrern einen Überblick über den Arbeitsfortschritt und über eventuelle Schwierigkeiten an einzelnen Lernstationen bietet.

Die Lernstationen sind auf der Lerntheke platziert, wo sie von den Lerngruppen abgeholt werden.

Für die Bearbeitung der Stationen werden Gruppentische aufgebaut, so dass die verschiedenen Arbeitsgruppen an mindestens sechs verschiedenen Orten gleichzeitig arbeiten können. Nach Beendigung der Arbeit bringen sie die Lernstation an die Lerntheke zurück.

> Grundsätzlich ist der Lernzirkel für die Partner- oder besser noch Gruppenarbeit konzipiert. So können manche Aufgaben auch nur in Gruppenarbeit erledigt werden.
> In der Regel finden sich zu Beginn von selbst feste Gruppen, die dann gemeinsam alle Stationen bearbeiten.
> Wichtig: Jeder Einzelarbeiter und jede Gruppe muss in einer für alle erträglichen Lautstärke arbeiten.

3.7 Info: Zukunftswerkstatt

DARUM GEHT ES:

Die „Zukunftswerkstatt" wurde von Robert Jungk (1913–1994) in den 60er Jahren als eine Methode der Demokratisierung aller Lebensbereiche vorgeschlagen. Sie wird inzwischen häufiger in Bürgerinitiativen, Parteien und auch im Bildungsbereich eingesetzt. Zukunftswerkstätten sollen dazu betragen, eine sozial- und umweltverträglichere Zukunft vorzubereiten. Jungk geht davon aus, dass die von Problemen betroffenen Menschen zu Lösungen oft besser beitragen können als die Experten. Zukunftswerkstätten versuchen nicht nur die Aufhebung des Gegensatzes von Experten und Laien, sondern auch die des Gegensatzes von Wissenden und Unwissenden und von Planern und Verplanten. Zukunftswerkstätten verbinden Ideen von Selbst- und Gesellschaftsveränderung.

SO GEHT ES:

Zukunftswerkstätten sind meist an bestimmten Themen ausgerichtet. Sie eignen sich ideal zum Entwickeln von Zielen, Leitbildern, Visionen innerhalb großer Gruppen.
In der Regel verlaufen Zukunftswerkstätten nach einem bestimmten, vorgegebenen Ablaufplan.
Die in der Zukunftswerkstatt gefundenen Leitbilder werden in einen konkreten Maßnahmenkatalog überführt, der die schrittweise Realisierung der Visionen und Ideen bewerkstelligen soll.

1. Kritikphase
- Probleme feststellen und notieren
- Kritik formulieren
- Kritikpunkte ordnen und bewerten
- Thematische Schwerpunkte bilden
- Formulierung einer Aufgabe zu jedem Schwerpunkt

2. Fantasiephase
- Kritikpunkte positiv formulieren
- Vorschläge zur Problemlösung entwickeln
  (siehe „Brainstorming", Seite 78)
- Suche nach den besten Ideen (Rangfolge erstellen)
- Weiterentwicklung dieser Ideen in Kleingruppen
- Ausarbeitung eines „utopischen Entwurfs"
- Entwurf für eine Visualisierung, Präsentation
- Entscheidung für die Darstellungsform (Rollenspiel, Collage, Videoclip, usw.)

3. Verwirklichungsphase
- Kritische Überprüfung der utopischen Entwürfe
- Klärung der Zielumsetzungen
  (sofortige, mittel- , langfristige Umsetzungen)
- Entwicklung von Strategien zur Durchsetzung der Ziele
- Mögliche Hindernisse und Widerstände berücksichtigen
- Überprüfung der Umsetzung der Ziele
- Suche nach Bündnispartnern
- Unterstützung der „Öffentlichkeit" suchen (Pressearbeit etc.)
- Entwicklung eines Handlungsplans/Projekts

4. Nachbereitungsphase
- Abgleich der realisierten Maßnahmen mit dem Leitbild
- Gegebenenfalls Korrektur des Realsierungsprozesses

Daten ermitteln

4

4.1 Ideen sammeln: Brainstorming & Co.

Die erste Informationsquelle ist dein ureigener Wissensspeicher, dein Gehirn. Wenn es darum geht, neue Ideen und kreative Lösungsvorschläge zu entwickeln, hat sich die Technik des Brainstormings (brain = Gehirn; storming = stürmen) bewährt. Die Zielsetzung besteht darin, allein oder in einer Gruppe möglichst viele neue Ideen oder Vorschläge zur Lösung eines bestimmten Problems zu finden. Der Grundgedanke beim Brainstorming ist einfach: Ohne jedes Urteil und ohne jede Bewertung soll man möglichst viele – auch verrückte – Ideen entwickeln. Sachzwänge oder sonstige Einwände haben in dieser Sammelphase keinen Platz.

Brainstormen kann jeder für sich alleine. Aber richtige Dynamik kommt erst auf, wenn eine Gruppe zusammen Ideen ausbrütet – und sich dabei gegenseitig inspiriert.

● **Alle denken, einer schreibt:** Damit alle in der Gruppe auf dem gleichen Stand sind, schreibt einer für alle sichtbar die gesammelten Ideen und Begriffe an der Tafel, einem Plakat oder einer Flip-Chart auf.

● **Quantität vor Qualität:** Sammelt alles, was euch zu einem Thema einfällt. „Spinnen" ist ausdrücklich erlaubt. Nennt auch solche Punkte, die auf den ersten Blick nichts oder nur wenig mit dem Thema zu tun haben. Aus solchen Ideen können sich vielleicht später weitere Anregungen ergeben.

● **Arbeitet assoziativ:** Was fällt euch spontan ein, wenn ihr an das Thema denkt? Was empfindet ihr dabei? Wecken die Worte der anderen in euch Assoziationen?

● **Keine Zensur:** Bewertet eure Ideen in dieser Phase noch nicht. Brainstorming ist eine Kreativitätstechnik: Verlasst gewohnte Denkmuster; die verrücktesten Ideen und lustigsten Einfälle enthalten oftmals Ansätze, die zu originellen neuen Konzepten führen.

● **Nutzt die Zeit!** Auch wenn euch mal nichts mehr einfällt, solltet ihr die vorher festgesetzte Zeit ausschöpfen und so lange „assoziieren", bis euch eine neue Idee kommt.

Übung: Schulleben mitbestimmen

Jeden Tag Schule – und manchmal Stress. Wer hat nicht heimlich eine umfassende Wunschliste möglicher Veränderungen für die Schule entwickelt? Keine Noten, klar, oder wenn, dann aber auch Noten für die Lehrer … Die Idee ist gar nicht so schlecht: Was wäre, wenn jedes Jahr ein „Lehrer des Jahres" gekürt würde?

Diese und andere mögliche Veränderungen eures Schullebens könnt ihr in einem Brainstorming sammeln, unter der Fragestellung: „Welche Veränderungen würden wir in der Schule vornehmen, wenn wir morgen die Schulleitung wären?"

● Setzt euch dazu in Vierergruppen zusammen und sammelt eure Verbesserungsvorschläge. Jede Gruppe hat 15 Minuten Zeit. Tragt die Ergebnisse hinterher im Plenum zusammen und sucht die besten heraus.

Exkurs „Killerphrasen"

„Killerphrasen" sind Phantasie- und Ideenblocker wie „Das geht bestimmt nicht!" oder „Das ist total unrealistisch!".

Welche anderen Killerphrasen kennt ihr? Macht eine Liste.

Diese Sätze haben im Brainstorming nichts verloren!

Brainstorming-Varianten

Neben dem Brainstorming gibt es eine Reihe anderer Techniken, die die assoziativen Fähigkeiten unseres Gehirns nutzen. Alle basieren darauf, Ungewohntes, Kreatives mit Bekanntem zu verknüpfen. Nachfolgend kurze Beschreibungen einiger dieser Methoden.

A) Ideenmischmasch

Diese Technik arbeitet mit dem Zufall und der kreativen Kraft der gegenseitigen Inspiration.

● Bildet Gruppen zu 4 Teilnehmern.
● Jedes Gruppenmitglied erhält einen Stapel leerer Karteikarten.
● Jeder formuliert spontan Einfälle zu einem bestimmten Thema (z.B. das Thema „Schulleben mitbestimmen!" von oben). Nehmt pro Karteikarte eine Idee. Jeder arbeitet zunächst für sich. Diese Ideensuche dauert ca. 5 Minuten.
● Jeder bringt seine Ideen in eine neue Reihenfolge, indem er die Karteikarten, die er beschriftet hat, mischt. Anschließend nimmt er zwei der Karten auf und schreibt die dort notierten Stichworte auf ein Blatt Papier (DIN A 3).
● Diese Blätter werden eingesammelt, gemischt und auf einen Stapel gelegt.
● Jedes Gruppenmitglied nimmt sich ein Blatt und notiert während 2 Minuten alles, was ihm zu den beiden Stichworten einfällt.
● Dann werden alle Blätter nach links weitergegeben; dies wiederholt sich, bis jeder jedes Blatt bearbeitet hat.
● Bewertet und besprecht gemeinsam eure Ideen (5–7 Minuten).
● Nehmt dann zwei weitere Karteikarten und behandelt sie wie oben beschrieben.
● Wiederholt den Vorgang, bis ihr alle Karten bearbeitet habt.

B) Thesensalat

- Überlegt euch in Einzelarbeit Thesen, also schlagwortartige Aussagen zu eurem Thema und schreibt sie auf einen Zettel.
- Ordnet diese gesammelten Thesen gemeinsam in einer Vierergruppe. Überlegt euch Ordnungskriterien.

C) Themenbaum

- Überlegt euch in Einzelarbeit Aspekte zu eurem Thema. Was interessiert euch daran? Was gehört dazu? Schreibt die Aspekte auf Karteikarten.
- Findet euch in einer Vierergruppe zusammen. Malt einen Baum. Pinnt die einzelnen Themenaspekte so an den Baum, dass die Anordnung zeigt, was zu wem gehört und was wovon abhängig ist.

D) Themenball

Für diese Technik braucht ihr einen kleinen Ball oder ein zusammengeknülltes Tuch.
- Setzt euch in den Stuhlkreis.
- Einer nimmt den Ball und formuliert eine Idee zum Thema.
- Er wirft einem anderen in der Gruppe den Ball zu.
  Jetzt muss der Fänger eine Idee sagen.
- Zwei aus der Gruppe werden im Vorhinein zu Protokollanten bestimmt.
  Sie schreiben die Ideen mit.

E) Themen und Bilder

Für diese Technik benötigt ihr pro Person mindestens zwei Pickup-Postkarten, Bilder aus Zeitschriften o.Ä.
- Setzt euch in den Stuhlkreis.
- Legt alle Bilder sichtbar in die Mitte des Stuhlkreises.
- Jeder nimmt ein Bild auf, das er mit dem Thema in Verbindung bringen kann.
- Reihum erzählt jeder seine Assoziationen zum Thema, die er mit seinem Bild verbindet.
- Zwei aus der Gruppe werden im Vorhinein zu Protokollanten bestimmt.
  Sie schreiben die Ideen mit.

- **Hinweis**
  Für das Ordnen der gesammelten Ideen eignen sich hervorragend das Mind Mapping® (Seite 80) und der „Meta-Plan" (Seite 64).

4.2 Informationen ordnen: Mind Mapping®

DARUM GEHT ES:

Jeder kennt das: Du musst ein Thema erarbeiten. Deine Gedanken sind wuselig. Wie soll dieses Chaos jemals zu einer klaren Gliederung führen?

Es gibt eine Methode, die chaotischen Gedanken zu nutzen und sie in eine geordnete Form zu bringen: Mind Mapping®. Es ist eine Technik, Gedanken aufzuschreiben und aufzuzeichnen. Der Vorteil des Mind Mapping®: Die linke und die rechte Gehirnhälfte werden gleichzeitig beansprucht, Logik und Assoziation, Verstand und Gefühl. Die Folge: Du behältst mehr.

Mind Maps® kann man alleine für sich oder in einer Gruppe erstellen.

Hier helfen Mind Maps®:

- Zur Stoffsammlung und Gliederung beim Einstieg in ein Thema
- Zum geordneten Nachdenken über Themen
- Zum Planen von Klassenarbeiten, Referaten
- Zur Vorbereitung von Prüfungen
- Zum Schreiben von Aufsätzen
- Zur Sicherung von gelerntem Unterrichtsstoff
- Zur Vorbereitung eines Festes, einer Fahrt
- Zum Lösen von Problemen, vor schwierigen Entscheidungen

Vorteile von Mind Maps®:

- Sprachliches und bildhaftes Denken werden miteinander verbunden.
- Kreativität und Assoziationen werden einbezogen.
- Viele unterschiedliche Gedanken werden zusammengefasst.
- Ideen und Gedanken fügen sich wie von selbst zu einer klaren Form.
- Obwohl alle Details erfasst werden können, verschafft die Gliederung den Überblick.
- Jedes Mind Map® kann später weiter ergänzt und fortgeführt werden.

Wichtige Information: Mind Map® ist ein eingetragenes Warenzeichen, dessen Verwendung lizensierten Trainern vorbehalten ist. Für eine intensivere Beschäftigung mit Mind Mapping® wenden Sie sich bitte an:

Buzan Centre Austria, Trattnerhof 2, A 1010 Wien
Fon 0043/1/5337015 • Fax 0043/1/8697706

SO GEHT ES:

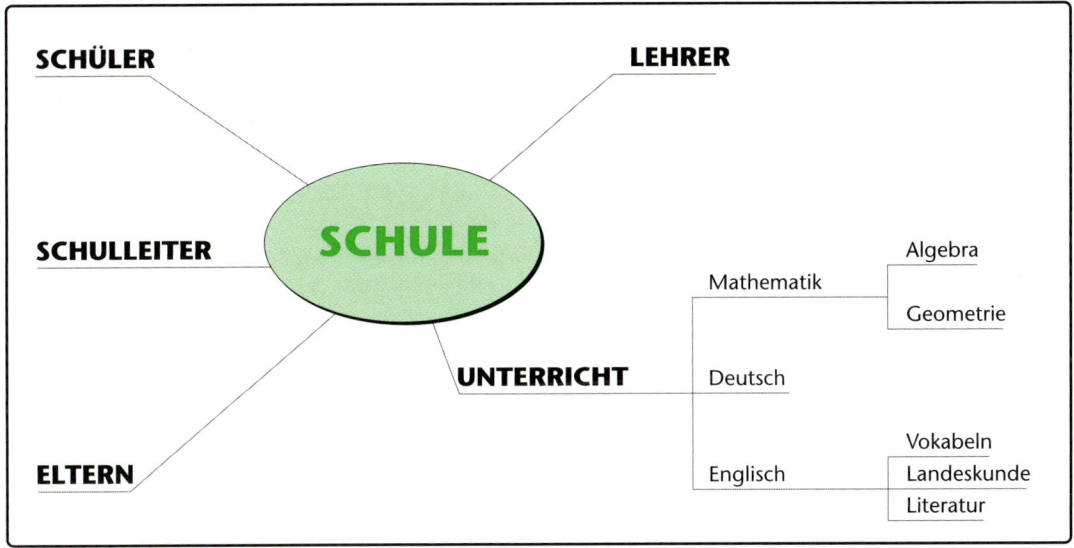

Das einfache Mind Map® oben zeigt beispielhaft den Beginn einer Struktur zum Thema „Schule". Alle Mind Maps® funktionieren nach einem bestimmten Schema.

1. Denke quer: Nimm ein unliniertes Blatt Papier und lege es im Querformat vor dich hin. Mind Maps® entwickeln sich eher in die Breite als nach oben und unten.

2. Schreibe den zentralen Begriff, das Schlüsselwort, in die Blatt-mitte. Zeichne eine Wolke, Ellipse oder einen Kreis darum. Du kannst das Schlüsselwort auch illustrieren.

3. Welche wichtigen Dinge fallen dir dazu ein? Jeder weitere Oberbegriff zum Thema bildet den Anfang einer sich immer weiter verzweigenden Verästelung. Schreibe diese Oberbe-griffe auf Hauptäste, die vom zentralen Begriff ausgehen.

4. Füge nun an diese Hauptäste dünnere Zweige an, auf die du Unterbegriffe schreibst, die den Hauptbegriffen zugeordnet werden können. Notiere so viele Begriffe, wie du zur Bearbei-tung des Themas für nötig hältst. Wähle die Begriffe so, dass du damit eine Vielzahl von Assoziationen und Wissen verknüp-fen kannst. Ein genaues Ausformulieren der Gedanken wird damit überflüssig. Schlüsselwörter sind einprägsamer als ganze Sätze.

5. Die Ausgestaltung des Mind Maps® erleichtert den Überblick. Ein paar Tipps:
- Verwende Druckbuchstaben.
- Beschrifte Hauptäste mit Großbuchstaben, Nebenäste mit Kleinbuchstaben.
- Verwende Bilder und Symbole, so oft es geht .
- Nutze das Blatt aus und lasse die Zweige bis an die Ränder austreiben.
- Wörter, die zu einem Oberbegriff gehören, werden auf parallele Zweige geschreiben.
- Verwende auf jeder Zweigebene die gleiche Farbe.
- Querverbindungen zwischen Zweigen sind erlaubt, um Beziehungen zwischen Begriffen deutlich zu machen, sie dürfen sich aus Gründen der Übersicht aber nicht überschneiden.

Übung 1: Mind Map® Methodentrainer

Besonders einfach lässt sich ein Mind Map® erstellen, wenn das Thema bereits strukturiert ist.

- Bildet eine Vierergruppe. Jeder erstellt für sich aus dem Inhaltsverzeichnis dieses Buches ein Mind Map®. Ihr habt dafür 15 Minuten Zeit.
- Vergleicht anschließend eure Maps und erklärt euch gegenseitig, welche Ideen ihr hattet.
- Welche Map stellt das Buch am besten dar? Diskutiert.

Übung 2: Mind Map® zum Thema „Jugendgewalt"

Entwickelt ein Mind Map® zum Thema „Jugendgewalt".

DAS BRAUCHT IHR:

Texte „Alltag im Hoffnungslos" und „Thesen zur Entwicklung von Jugendgewalt", Artikel und Bücher zum Thema „Gewalt", Informationen zum Thema aus dem Internet, z.B. www.learn-line.nrw.de.

Text 1: Alltag im Hoffnungslos

Bianca S. und Dominik H. sind Sozialarbeiter in Köln. Sie sind als Streetworker in einem so genannten „sozialen Brennpunkt" eingesetzt.
Vor allem das Problem gewalttätiger Kinder und Jugendlicher macht ihnen zu schaffen:
„Heute waren wir bei Familie K. Der Vater ist seit zwei Jahren arbeitslos, die Mutter hat zwei Putzstellen. Die Familie wohnt mit sechs Personen in einer 70 qm großen (oder soll man besser sagen „kleinen") Wohnung. Die drei Jungs schlafen im einzigen Kinderzimmer, die sechsjährige Tochter in einer Ecke im Elternschlafzimmer. Wir haben dort einen Hausbesuch gemacht, weil der älteste Sohn, Marco, 15 Jahre alt, wiederholt durch Erpressung sei-

ner Mitschüler und Körperverletzung aufgefallen war. Schon zum zweiten Mal hat er einen kleineren Jungen, der kein Geld bei sich hatte, mit Schlägen „bestraft" (wie er sagt). Bei dem Hausbesuch stellten wir unter anderem fest, dass die Kinder keinen eigenen Arbeitsplatz haben, um ihre Hausaufgaben zu erledigen. Sie müssen ihre Arbeiten am Küchentisch oder am Couchtisch im Wohnzimmer verrichten. Als wir uns mit Marco und seinen Eltern unterhalten wollten, lief im Wohnzimmer der Fernseher. Trotz unseres Erscheinens wurde das Fernsehgerät nicht ausgeschaltet. Als wir die Beschuldigungen vorgetragen hatten, meinte der Vater nur, dass halt jeder schauen müsste, dass er irgendwie durchkäme. Er könnte sich nicht um jedes seiner Kinder kümmern. Aber er würde natürlich seinem Sohn eine Tracht Prügel verpassen, damit er so was nicht wieder tun würde. Die Mutter sagte, dass sie immer geahnt hätte, dass aus Marco nichts Gescheites werden würde. Marco selber schwieg zu den Vorwürfen. Er saß verstört in einer Couchecke und hörte sich unser Gespräch scheinbar unbeteiligt an. Während unseres Gesprächs stürmten mehrmals die beiden Brüder Marcos ins Wohnzimmer und bettelten nach Süßigkeiten, die sie von ihrer Mutter auch prompt bekamen. Im Gespräch mit uns wurde deutlich, dass die Familie eine erhebliche Schuldenlast für verschiedene Anschaffungen (Fernseher, Videorekorder, Stereoanlage, einen Wohnzimmerschrank) zu tragen hat. Es wurde ebenfalls deutlich, dass es fast täglich zu Streitereien zwischen den Eltern über fehlendes Geld käme. Dabei macht sie ihrem Mann den Vorwurf, sich nicht genügend um eine neue Arbeitsstelle zu bemühen. Bei unseren Erkundigungen in der Schule erfuhren wir, dass Marco hier schon häufig negativ durch Schlägereien und Erpressungsversuche auffällig geworden war. Bei einer Klassenkonferenz war bereits der Verweis von der Schule angedroht worden."

Text 2: Thesen zur Entwicklung der Jugendgewalt

- Die Jugendgewalt ist nicht so dramatisch angestiegen, wie Polizei und Presse es beschreiben.

- Die polizeilich registrierten Gewalttaten junger Menschen sind in den letzten Jahren nicht brutaler geworden. Die durchschnittliche Schwere der Vergehen hat vielmehr abgenommen: So hat der Einsatz von Waffen bei Straftaten von fast 35 auf 17,5% abgenommen.

- Die Zunahme der Jugendgewalt steht in engem Zusammenhang damit, dass unsere Gesellschaft immer mehr zu einer Kultur der Extreme wird: Entweder man gewinnt (verdient viel Geld) oder man verliert (lebt außerhalb des bunten Konsumrauschs). Vor allem ausländische Jugendliche stehen dabei im Abseits.

● Der Anstieg der Jugendgewalt ist überwiegend den jugendlichen ausländischen Einwanderern zuzurechnen, die nicht in unsere Gesellschaft integriert werden konnten. Besonders problematisch sind die jungen Zuwanderer, die seit längerem in Deutschland unter Bedingungen sozialer Benachteiligungen aufwachsen.

● Jugendliche, die in ihrer Kindheit oder als Jugendliche von ihren Eltern massiv geschlagen oder misshandelt wurden, werden erheblich häufiger selber gewalttätig als nicht geschlagene junge Menschen.

● Jugendgewalt ist männlich. Das Übergewicht junger männlicher Täter hat sich seit fast 15 Jahren sehr verstärkt.

● Das Risiko der Entstehung von Jugendgewalt erhöht sich drastisch, wenn mindestens zwei der folgenden Faktoren zusammentreffen: die Erinnerung innerfamiliärer Gewalt, gravierende soziale Benachteiligung der Familie und schlechte Zukunftsaussichten des Jugendlichen wegen seines geringen Bildungsniveaus.

● Junge Menschen, die Opfer von Gewalt in der Familie wurden, schließen sich deutlich häufiger in Cliquen mit Gewaltbereitschaft zusammen. Auf Jugendliche aus solchen Gruppen entfällt der überwiegende Teil der Jugendgewalt.

Weitere gesellschaftliche Ursachen für Jugendgewalt

● **Konsumgesellschaft**: Die Teilnahme an der Konsumgesellschaft (Haste was, dann biste was!) bestimmt das Selbstwertgefühl vieler Jugendlicher sowie ihre gesellschaftliche Stellung.

● **Medieneinflüsse**: Gerade im Hinblick auf die verstärkte Gewaltbereitschaft von Kindern und Jugendlichen spielen die Einflüsse von Fernsehen, Video- und Computerspielen eine nicht zu unterschätzende Rolle.

● **Sozialabbau**: Immer mehr Kinder und Jugendliche fallen unter die sogenannte Armutsgrenze, leben in Familien, die von der Sozialhilfe leben.

● **Soziale Vernachlässigung**: Alleinerziehende, zerbrechende Ehen usw.: Eltern kümmern sich zunehmend weniger um ihre Kinder.

Beide Texte aus: van der Gieth, Kneip:
                  Werkstatt Politik: Gewalt stoppen.
                  Cornelsen Verlag, Berlin 2000

SO GEHT ES:

● Bildet Vierergruppen. Lest euch die beiden abgedruckten Texte durch; informiert euch zusätzlich in geeigneten Büchern, Zeitschriften und Websites zum Thema „Jugendgewalt".

● Wenn ihr alle Informationen gesammelt habt, sucht ihr gemeinsam nach den Schlüsselwörtern für die Hauptäste. Gedanken für Nebenäste können auch gesammelt werden.

● Nun erstellt jeder für sich auf dieser Basis ein Mind Map® zum Thema. Ihr habt dafür 30 Minuten Zeit.

● Vergleicht anschließend die Maps in der Gruppe und entwickelt daraus ein gemeinsames Mind Map®.

● Diese Map kann nun als Grundlage für ein Referat zum Thema dienen oder die Themenbasis für eine Diskussion bzw. ein Rollenspiel zum Thema darstellen.

Übung 3: Mind Map® zum Thema „Island"

DAS BRAUCHT IHR:

• Atlanten, Bücher, Lexika
• Tapete
• Faserschreiber

SO GEHT ES:

● Bildet wieder Vierergruppen. Informiert euch über Island (oder jedes andere Land, das euch gefällt oder Thema ist). Nutzt dafür Lexika, Atlanten, das Internet.

● Fertigt jetzt auf einer Tapete ein buntes, illustriertes Mind Map® an, das ihr anschließend als Plakat über Island ausstellen könnt. Dazu ist es besser, zuerst auf Zetteln das Mind Map® zu entwerfen, bevor ihr es auf die Tapete übertragt.

● Hängt das Plakat im Klassenraum auf. Die Mitschüler sollen sagen, welche Informationen ihnen das Plakat vermittelt. Anschließend kann euer Gruppensprecher den anderen in der Klasse erklären, was sie nicht erkannt oder verstanden haben.

Macht einen kleinen Wettbewerb daraus: Jede Gruppe bewertet die Plakate der anderen Gruppen; die Gruppenmitglieder müssen sich zunächst auf eine gemeinsame Bewertung einigen und diese dann vortragen. Begründungen nicht vergessen.

4.3 Das Interview

Interview heißt eine offene oder durch Fragebogen festgelegte Befragung einer Person durch einen Interviewer. Interviews kennt ihr aus Presse, Rundfunk, Fernsehen, insbesondere den Nachrichten: Die Befragung einer (meist prominenten) Person zu einem bestimmten Thema. Ein solches Interview eignet sich z.B. für einen Artikel in eurer Schülerzeitung (Beispiel 1) oder in Vorbereitung auf ein Referat (Beispiel 2).

Um die Meinung der Bevölkerung oder von Teilen der Bevölkerung zu erkunden, werden auch Interviews durchgeführt. Sie unterscheiden sich von Interviews, die ihr aus den Medien kennt. Meist möchte man Datenmaterial über Personen (Einstellungen, Verhalten, Meinungen etc.) gewinnen (Beispiel 3). Hier muss zunächst geklärt werden, welcher Personenkreis zu befragen ist und wie viele Interviews durchgeführt werden müssen, damit die Ergebnisse repräsentativ sind.

Meinungsumfragen sind eine spezielle Form standardisierter Interviews (Seite 88).

● **Was wollt ihr herausfinden?**

Welches Thema wollt ihr ansprechen? Wie könnt ihr die Fragen so stellen, dass ihr möglichst viel Informationen zum Thema bekommt? Formuliert diese Fragen zumindest in Stichworten vor.

● **Wen wollt ihr befragen?**

Bittet die Person(en) vorher um das Interview und verabredet eine Zeit und einen Ort, an dem ihr ungestört seid.

● **Wie befragt ihr?**

Zeichnet das Interview möglichst auf Tonband auf. Wenn es nicht geht, sollte ein Protokollant dabei sein, damit der Interviewer sich auf den Gesprächspartner konzentrieren und auf neue Ansätze mit zusätzlichen Fragen reagieren kann.

● **Wie wertet ihr die Antworten aus?**

Für einen Artikel oder ein Referat müsst ihr die Kernsätze aus den Antworten des Befragten herausziehen. Niemand spricht „druckreif" und nichts ist langweiliger als ein ausuferndes Interview. Die Kunst besteht darin, die Essenz des Gesagten zu erfassen, ohne die Aussagen des Interviewten zu verfälschen.

Wurden mehrere Interviews mit verschiedenen Personen durchgeführt, um ihre Einstellungen zu erfragen, müssen Kategorien und Kriterien entwickelt werden, nach denen sie ausgewertet werden können. Je freier die Interviewfragen waren, desto schwieriger wird dies sein.

● **Achtet die Rechte der Befragten!**

Jeder der Befragten muss vor Veröffentlichung des Interviews seine Zustimmung dazu geben, am Besten sogar in schriftlicher Form. Wenn ihr euren Text fertig geschrieben habt, lasst ihr ihn noch einmal gegenlesen und abzeichnen.

Auswertungen von Interviews dürfen keine persönlichen Daten von Befragten preisgeben oder an andere weiterleiten. Die Auswertung muss allgemein und neutral stattfinden.

Die folgenden Beispiele sollt ihr jeweils zu viert erarbeiten. Macht vor Beginn des Interviews einen genauen Plan, welche Arbeitsschritte zu erledigen sind und wer welche Rolle übernimmt.

Beispiel 1: **Interview mit dem Vertrauenslehrer**

> Ihr wollt einen Artikel für eure Schülerzeitung schreiben. Das Thema der nächsten Ausgabe: „Zwischen Streber und Null Bock". Interviewt euren Vertrauenslehrer zu Fragen der Schülermitbestimmung. Welche Maßnahmen wird er treffen, um die Beteiligung der Schüler zu fördern? Welches Ziel hat er für die Zeit bis zum Ende seines „Amtes"? Was würde er sich von Seiten der Schüler wünschen? ... Erarbeitet zu viert einen Fragenkatalog, der alle Aspekte berücksichtigt, die euch wichtig scheinen. Befolgt bei der Befragung die oben aufgelisteten Punkte.

Beispiel 2: **Interview mit einem Zeitzeugen**

> Für ein Referat zum Thema „Alltag im Krieg" wollt ihr erkunden, wie die Menschen in Deutschland während des 2. Weltkriegs (über)lebten, wie sie ihren Alltag verbrachten. Dafür befragt ihr einen Zeitzeugen, der sich noch an den Alltag im Deutschland der Jahre 1939 bis 1945 erinnern kann. Das kann eine Oma, ein Onkel, ein Nachbar sein. Für alle spannend ist sicher ein „öffentliches Interview", bei dem der Zeitzeuge in die Schule eingeladen und dort von euch befragt wird.

Beispiel 3: **Interview zum Thema : Mit Behinderten leben"**

> Diese Befragung soll ein Meinungsbild an eurer Schule ergeben. Wie ist die allgemeine Einstellung zum Leben mit Behinderten? Würden die Mitschüler es befürworten, wenn eure Schule integrativ wäre, also Behinderte und Nicht-Behinderte zusammen in einer Klasse unterrichtet würden?

● **Beantwortet vorher für euch die folgenden Fragen:**
  • Welches Ziel soll mit der Befragung erreicht werden?
  • Wer soll befragt werden? Bestimmt die Anzahl der zu befragenden Personen, die Klassen, die Stufen.
  • Welche Informationen möchtet ihr letztlich über die zu stellenden Fragen bekommen?
  • Wie genau beabsichtigt ihr die Ergebnisse auszuwerten und zu präsentieren?
  • Erarbeitet einen gemeinsamen Plan für die Durchführung der Interviews.

4.4 Die Meinungsumfrage

DARUM GEHT ES:

Meinungsumfragen eignen sich gut, um allgemeine Informationen über Menschen, Ereignisse und das Leben zu sammeln. Je mehr Menschen befragt werden, um so breiter und verlässlicher ist die Datenbasis. Meist werden Umfragen mit standardisierten Fragebögen durchgeführt. Professionelle Umfragen werden von großen Meinungsforschungsinstituten durchgeführt.

Eine typische Meinungsumfrage ist die so genannte „Sonntagsfrage": „Was würden Sie wählen, wenn nächsten Sonntag Wahl wäre?" Hier geht es darum, eine ausreichend große Zahl von Bürgern zu befragen, die möglichst alle Gruppen der Bevölkerung repräsentieren.

Neben politischen Meinungsumfragen gibt es Umfragen zu Produkten, die für Unternehmen sehr interessant sind – insbesondere vor der Einführung eines neuen Produkts.

Ihr könnt auch Meinungsumfragen im kleinen Kreis durchführen, um ein Meinungsbild zu gewinnen, z.B. in eurer Schule, in eurer Jahrgangsstufe oder nur in eurer Klasse. Natürlich sind die Ergebnisse dann nicht repräsentativ; sie lassen sich also nicht auf alle Menschen unseres Landes übertragen.

SO GEHT ES:

Wenn ihr mit Hilfe eines Fragebogens Informationen sammeln wollt, müsst ihr einige Punkte beachten. Wie bei allen Methoden, die dazu dienen, an Informationen zu gelangen, ist es wichtig, sich vorher einen genauen Plan zu machen. Beantwortet also zuvor für euch die folgenden Fragen:

1. Zu welchem Thema braucht ihr Informationen?
2. Warum wollt ihr die Methode der Befragung einsetzen? Gäbe es eine andere sinnvolle Methode, um an die gewünschten Informationen zu kommen?
3. Was wollt ihr mit den Ergebnissen der Datenerhebung erreichen?
4. Wollt ihr eine mündliche oder eine schriftliche Befragung vornehmen? Überlegt welche Vor- und Nachteile die beiden Verfahren haben.

Mündliche Meinungsumfrage		Schriftliche Meinungsumfrage	
Vorteile	**Nachteile**	**Vorteile**	**Nachteile**

> **1. Ganz wichtig:** Wie wollt ihr die Befragung auswerten? Wenn ihr „nur" ein allgemeines Meinungsbild braucht („12 % meinen ...; 88 % meinen ..."), dann müssen die Fragen entsprechend Entscheidungsfragen sein, die nur das Ankreuzen einer oder mehrerer Möglichkeiten zulassen. Ihr führt dann eine **quantitative Befragung** durch.
> Geht es euch mehr darum, Meinungen detaillierter zu erfragen, lasst ihr also längere, freie Antworten zu, wird die Auswertung entsprechend schwierig. Diese **qualitative Befragung** erfordert eine genau geplante Auswertung.

Übung A: Befragung unserer Klasse

> Der folgende Beispielfragebogen stammt von der Anne-Frank-Realschule in Bochum und ist für die Klassen der Jahrgangsstufen 5 –10 vorgesehen. Er dient dazu, etwas über das Sozialverhalten und das Klima innerhalb eurer Klasse herauszufinden.
> Mit Hilfe dieses Bogens könnt ihr üben, wie man eine Meinungsumfrage auswertet. Bei Bedarf könnt ihr den Fragenkatalog natürlich kürzen, erweitern oder nach euren eigenen Vorstellungen verändern.

Step 1: Zunächst muss jedes Mitglied eurer Klasse den Bogen allein ausfüllen.

---

1. In welcher Jahrgangsstufe bist du ? _____ Klasse

2. Bist du ein Mädchen oder ein Junge?
   a ◯ Mädchen
   b ◯ Junge

3. Die Schüler und Schülerinnen sind bereit aufeinander Rücksicht zu nehmen.
   1 ◯ trifft zu
   2 ◯ trifft teilweise zu
   3 ◯ trifft nicht zu

4. Es herrschen Konkurrenz und Wettkampf unter den Schülern und Schülerinnen.
   1 ◯ trifft zu
   2 ◯ trifft teilweise zu
   3 ◯ trifft nicht zu

5. Schüler und Schülerinnen unterstützen sich gegenseitig.
   1 ◯ trifft zu
   2 ◯ trifft teilweise zu
   3 ◯ trifft nicht zu

6. Manche Schüler/innen verhalten sich unfair
gegenüber anderen Schülern.
1 ◯ trifft zu
2 ◯ trifft nicht zu
3 ◯ trifft teilweise zu

7. Die Schüler/innen unterstützen und fördern die Klassengemeinschaft.
1 ◯ trifft zu
2 ◯ trifft nicht zu
3 ◯ trifft teilweise zu

8. Die Lehrer/innen sind zu streng.
1 ◯ trifft zu
2 ◯ trifft teilweise zu
3 ◯ trifft nicht zu

9. Ich fühle mich von den meisten Lehrern/Lehrerinnen gerecht behandelt.
1 ◯ trifft zu
2 ◯ trifft teilweise zu
3 ◯ trifft nicht zu

10. Ich habe oft Angst vor meinen Lehrern/Lehrerinnen.
1 ◯ trifft zu
2 ◯ trifft teilweise zu
3 ◯ trifft nicht zu

11. Lehrer bevorzugen
◯ Mädchen   ◯ Jungen   ◯ keinen

Lehrerinnen bevorzugen
◯ Mädchen   ◯ Jungen   ◯ keinen

12. Ich habe zu den meisten Lehrern/Lehrerinnen Vertrauen.
1 ◯ trifft zu
2 ◯ trifft teilweise zu
3 ◯ trifft nicht zu

13. Ich würde mit meinen Lehrern/ Lehrerinnen auch
private Probleme besprechen.
1 ◯ trifft zu
2 ◯ trifft teilweise zu
3 ◯ trifft nicht zu

14. Von den Lehrern/Lehrerinnen werden zu hohe Anforderungen
an die Schüler/Schülerinnen gestellt.
1 ◯ trifft zu
2 ◯ trifft teilweise zu
3 ◯ trifft nicht zu

15. Wähle aus den folgenden Zielsetzungen, die die Schule anstrebt,
fünf aus, die dir besonders wichtig sind!

A ○ selbstständiges Lernen
B ○ Verantwortung für die Gemeinschaft
C ○ Finden und Entwickeln persönlicher Fähigkeiten
D ○ Teamarbeit
E ○ Fachkenntnisse
F ○ Allgemeinwissen
G ○ Vorbereitung auf das Berufsleben
H ○ Disziplin (z.B. Pünktlichkeit, Ordnung)
I ○ Toleranz

16. Werden die von dir oben genannten Ziele in dieser Schule verwirklicht?
1 ○ ja
2 ○ teilweise
3 ○ gar nicht

17. Gib drei Gestaltungsformen des Unterrichts an,
bei denen du am besten lernen kannst!
A ○ Diskussionen
B ○ Lehrervortrag
C ○ Gruppenarbeit
D ○ Arbeit an Projekten/Experimenten
E ○ Vortrag durch Medien
F ○ Unterrichtsgespräch
G ○ Einzelarbeit (still)
H ○ Partnerarbeit

18. Den Unterricht finde ich meistens (nur eine Antwort)
a ○ interessant
b ○ anstrengend
c ○ unterhaltsam
d ○ langweilig

19. Ich brauche regelmäßige Kontrolle, damit ich lerne.
1 ○ trifft zu
2 ○ trifft teilweise zu
3 ○ trifft nicht zu

20. Wähle aus den folgenden Punkten fünf aus, die du für sehr wichtig
in der Schule hältst!
A ○ Projektwochen
B ○ Praktika
C ○ Hausaufgabenhilfe
D ○ Schulchor/-orchester/-band
E ○ Förderunterricht
G ○ Freizeitangebote
H ○ Klassenfahrten
I ○ Schülerzeitung
J ○ Schulfeste
K ○ Schüleraustausch
L ○ Klassenfeiern

21. Werden die Interessen der Schüler/innen bei der Gestaltung des Unterrichts berücksichtigt?
1 ○ ja
2 ○ nein
3 ○ manchmal

22. Werden die Interessen der Schüler/innen bei Veranstaltungen außerhalb des Unterrichts berücksichtigt?
1 ○ ja
2 ○ nein
3 ○ manchmal

23. Hast du Lust, auch während der Freizeit an der Mitbestimmung in der Schule teilzuhaben?
a ○ ja
b ○ nein

24. Würdest du dich für die Interessen deiner Mitschüler/innen aktiv einsetzen, z.B. als Klassen- oder Schülersprecher/in?
a ○ ja
b ○ nein

25. Fühlst du dich in deinem Klassenraum wohl?
a ○ ja
b ○ nein

26. Gib bitte auf diese Frage bis zu drei Antworten! Der Schulhof...
A ○ soll so bleiben
B ○ sollte mehr Rasenflächen haben
C ○ sollte Sitzecken haben
D ○ sollte gekennzeichnete Spielflächen für Ballspiele haben
E ○ sollte mehr Spielangebote haben
F ○ sollte einen Schulgarten umfassen
G ○ sollte einen überdachten Bereich für Regenpausen haben

Vielen Dank für deine Angaben!

Step 2: Sammelt die Bögen ein; bildet dann Gruppen zu vier Personen. Verteilt die Fragebögen so, dass jede Gruppe etwa gleich viele bekommt.

Step 3: Nehmt in der Gruppe einen Blankobogen und verfahrt dann so: Geht die ausgefüllten Bögen der Reihe nach durch, notiert die Antworten durch Striche auf dem Blankobogen. Am Ende braucht ihr in jeder Gruppe nur noch die Striche auf dem Blankobogen zusammen zu zählen und zu den Ergebnissen der anderen Gruppe zu addieren.

Step 4: Wie wollt ihr die Ergebnisse präsentieren? Sinnvoll ist eine Präsentation über ein spezielles Computerprogramm wie Excel oder Power Point von Microsoft, in dem ihr die statistischen Werte leicht in Diagramme und Tabellen übersetzen könnt. Ihr könnt dann auf diese Daten immer wieder zugreifen. Wenn ihr ein Jahr später die gleiche Umfrage noch einmal durchführt, könnt ihr so leicht Vergleiche anstellen:

Hat sich eure Einstellung verändert? Hat sich das Klassenklima verbessert?
Jede andere Form der Präsentation, z.B. mit einer Plakatwand oder an der Tafel,
ist natürlich auch möglich.

Übung B: Ergebnisse bewerten

Natürlich ist es wichtig, die Ergebnisse einer Befragung zu bewerten und zu besprechen.
Dabei könnt ihr in eurer Vierergruppe so vorgehen:

● Jeder schaut sich die Ergebnisse an und notiert (zunächst für sich allein) die 5 auffällig-
sten Punkte oder die 5 Punkte, die ihn am meisten interessieren. Eine Begründung für
die Auswahl sollte jeder mitliefern.

● Jedes Gruppenmitglied erklärt seine fünf ausgewählten Aspekte.

● Entscheidet in der Gruppe, welche insgesamt 8 Punkte ihr besprechen und für die spätere Präsentation im Plenum vorbereiten wollt.
Diskutiert in der Gruppe die 8 Punkte. Macht auf einem Plakat eine Übersicht mit einer
zweispaltigen Tabelle: links notiert ihr die acht Aspekte, die ihr behandelt, rechts vermerkt ihr stichwortartig, warum ihr diese Punkte wichtig findet und wie ihr die Ergebnisse deutet.

Aspekte	Deutungen
1.	
2.	
3.	
4.	
5.	
6.	
7.	
8.	

● Stellt eure Ergebnisse im Plenum vor und besprecht sie.

● Interessant ist es nun sicher, den Fragebogen einer Parallelklasse vorzulegen und die
Ergebnisse mit euren zu vergleichen.

4.5 Das Protokoll

DARUM GEHT ES:

Protokolle dienen dazu, für einzelne oder für eine Gruppe von Menschen bestimmte (wichtige) Informationen schriftlich festzuhalten, so dass man sich zu einem späteren Zeitpunkt auf diese Informationen stützen kann. Insbesondere bei wichtigen Treffen und Vereinbarungen sind Protokolle von Bedeutung. Sie werden meist im Nachhinein von den beteiligten Partnern miteinander abgestimmt und einvernehmlich unterzeichnet.

Protokolle können auch für den Unterricht sehr nützlich sein. Sie fassen ein Thema oder den Verlauf einer Stunde so zusammen, dass auch die damit etwas anfangen können, die sie nicht geschrieben haben.

SO GEHT ES:

Für das effektive Schreiben von Protokollen gibt es bestimmte Regeln.

A) Protokollarten

Man unterscheidet zwischen Verlaufs- und Ergebnisprotokollen.

● **Verlaufsprotokolle** sind aufwändiger als Ergebnisprotokolle. Sie geben den gesamten Ablauf des Geschehens wieder, so genau wie möglich. Bei einem Unterrichtsgespräch beispielsweise müsste das Verlaufsprotokoll genau auflisten, wer etwas sagt und was der einzelne gesagt hat.

● **Ergebnisprotokolle** enthalten nur die wichtigsten Informationen, die in einem Unterrichtsgespräch vorkommen, die „harten Fakten" und Ergebnisse.

B) Das Führen von Protokollen

Überlege, wozu das Protokoll dienen soll. Wenn es nur für deine eigenen Unterlagen dient, als „Memo", also zur Erinnerung, kannst du dein Protokoll auch mit Notizen, Halbsätzen und grafischen Elementen ausstatten, die andere nicht verstehen (müssen).

Wenn das Protokoll später auch den anderen Klassenmitgliedern zur Verfügung gestellt wird, sollte es in ganzen Sätzen verfasst sein.

● Arbeite hierfür am besten in zwei Schritten:

> a) im Unterricht eine Mitschrift anfertigen (Kurzfassung)
> b) zu Hause aus der Mitschrift ein Protokoll mit ganzen Sätzen fertigen.

C) Bausteine eines Protokolls

Für Protokolle solltest du nicht irgendeinen Schmierzettel verwenden. Günstig ist die Verwendung eines Formblatts, das ihr gemeinsam in der Klasse erarbeiten könnt. Das Formular kann sinnvollerweise als Formatvorlage in deinem PC abgespeichert werden und so allen zur Verfügung gestellt werden. Das spart Zeit und ermöglicht es auch schwächeren Schülern, gute Protokolle zu führen.

Das Formular soll folgende Angaben enthalten:

- Datum der Stunde
- Uhrzeit (von bis)
- Fach
- Thema
- Gang des Unterrichts/des Unterrichtsgesprächs
  (detailliert oder nur Ergebnis, aber immer in ganzen Sätzen)
- Datum der Fertigung des Protokolls
- Name/Unterschrift des Protokollanten

Und so könnte es aussehen:

Datum   . . . .
Uhrzeit   . . . .
Fach   . . . .
Thema   . . . .

Gang des Unterrichtsgesprächs
• detailliert bei Verlaufsprotokollen
• ergebnisorientiert bei Ergebnisprotokollen

Datum der Fertigung . . . .

Name des Protokollanten . . . .

D) Klasse Klassenprotokolle

Ein Tipp, der allen viel Arbeit spart. Wenn ihr verabredet, dass ihr reihum in eurer Klasse Protokolle zu den Unterrichtsstunden schreibt und sie anschließend für die anderen kopiert, spart ihr eine Menge Arbeit und alle profitieren davon. Ihr habt eine solide Basis für eure Hausaufgaben, für Protokolle, für Klassenarbeiten, ihr könnt immer nachvollziehen, was Thema war, ihr könnt euch auch später immer wieder schnell erinnern und in das jeweilige Thema einfinden.

Wenn ihr noch nicht so geübt im Protokollieren seid, nehmt zuerst die Fächer, in denen die behandelten Themen leicht zu protokollieren sind.

● Die nachfolgende Tabelle kann euch helfen, dabei den Überblick zu behalten.

Datum	Protokollant	Unterrichtsstunde	Thema
		Deutsch	
		Geschichte	
		Politik	
		Erdkunde	

E) Übung 1: Verlaufsprotokoll

SO FUNKTIONIERT ES:

Die beiden folgenden Gespräche könnt ihr für ein Spiel in eurer Gruppe verwenden und gleichzeitig ein Verlaufsprotokoll daraus fertigen.

Zwei aus eurer Vierergruppe lesen den Text mit verteilten Rollen. Die anderen beiden machen Notizen dazu und fertigen ein Protokoll nach dem oben vorgestellten Muster an. Tauscht nach dem ersten Text die Rollen. So hat jeder vorgelesen und protokolliert!

● Beispiel A:

Bei Familie A. gibt es einen Streit zwischen Tanja (10) und ihrer Mutter. Es geht mal wieder um die liebe Ordnung:

Mutter:	„Hör mal Tanja, wie oft hab' ich dir schon gesagt, du sollst nicht immer deine Sachen 'rumliegen lassen! Hier guck' dir das an! Deine Jacke in der Küche, im Wohnzimmer deine Bücher, im Bad liegen deine Sachen auch mal wieder 'rum. Kannst du dir nicht endlich mal ein bisschen mehr Ordnung angewöhnen?!"
Tanja:	.....
Mutter:	„Es ist wirklich ewig dasselbe mit dir. Ich kann nur immer hinterher räumen. Ewig sieht die ganze Wohnung unaufgeräumt aus. Nur weil du nicht für fünf Pfennig ordentlich bist."
Tanja:	„So schlimm ist das doch gar nicht."

Mutter: „Also das ist nun wirklich der Gipfel. Ich räum' die ganze Zeit 'rum, und das Fräulein Tochter meint, so schlimm ist das gar nicht. So was von Schlampigkeit – einmalig! Weißt du was, damit du dir das mal endlich merkst, dass du hinter dir Ordnung zu machen hast – heute abend kein Fernsehen."

Tanja: „Du bist gemein. Ich wollte den Film so gern sehen."

Mutter: „Kommt nicht in Frage. Das wollen wir doch mal sehen, ob dir nicht Ordnung beizubringen ist."

Tanja zieht sich wütend in ihr Zimmer zurück, ihre Mutter sitzt – immer noch schimpfend – in der Küche.

● **Beispiel B:**

Auch bei Familie B. geht es um das Problem Ordnung.
Claudia (10) und ihre Eltern sitzen beim Abendessen.

Mutter: Hör mal Claudia, ich hab' mich heute wieder unheimlich geärgert über die Unordnung in der Wohnung."

Claudia: …

Mutter: „Überall liegen Sachen von dir herum. Im Bad, im Wohnzimmer, in der Küche."

Claudia: „So schlimm ist das doch gar nicht."

Mutter: „Mich macht das immer ganz kribbelig, wenn ewig irgendwo was 'rumliegt, wo es nicht hingehört. Ich hätte heute wirklich an die Decke gehen können."

Claudia: „Na gut, ich pass morgen mal auf."

Mutter: „Weißt du, wir haben da schon so oft darüber gesprochen, aber irgendwie haut das einfach nicht hin mit dem Ordnunghalten."

Claudia: „Ach ja, ich denk' da einfach nicht immer gleich dran. Ich vergess das einfach."

Mutter: „Aber irgendwie müssen wir das ändern. Mir liegt da wirklich was dran. – Aber wie?"

Claudia: „Also, ich könnt' ja zweimal am Tag alles einsammeln. Einmal nach dem Mittagessen, einmal vor dem Abendessen. Einen Rundgang machen."

Mutter: „Na gut, probier's mal. Vielleicht klappt's ja."

Claudia: „Bestimmt."

Mutter. „Soll ich dich dran erinnern?"

Claudia: „Ist vielleicht besser."

Text aus: M. Borchert / M. Borchert / K. Derichs / W. Kunstmann:
Erziehen ist nicht kinderleicht.
Fischer. Frankfurt 1977. 19 f.

● Beurteilt das Protokoll, indem ihr in einer Liste abhakt, welche Bedingungen der Protokolland erfüllt bzw. außer Acht gelassen hat.

F) Übung 2: Ergebnisprotokoll

● Schreibt von den gleichen Dialogen ein Ergebnisprotokoll! Vielleicht seid ihr überrascht, wie kurz das sein kann.

● Wenn euch Zeit bleibt: Wie könnte das Gespräch zwischen der Mutter und Tanja verlaufen, damit beide sich am Ende besser fühlen? Schreibt den Dialog um. Vergleicht eure Ergebnisse.

4.6 Lesen und Lesetechniken

DARUM GEHT ES:

Drucksachen, also Bücher, Zeitschriften und Zeitungen, bestimmen nach wie vor, trotz Internet und Fernsehen, unser Leben ganz wesentlich mit. Ihr findet sie überall: am Kiosk, beim Arzt, in öffentlichen Bibliotheken ... Es gibt sehr unterschiedliche Arten von Büchern, Zeitschriften und Zeitungen. Einige lest ihr regelmäßig, in andere schaut ihr nur gelegentlich, wieder andere treffen euer Interesse gar nicht. Die Zeitschriften und Zeitungen, die eure Eltern abonniert haben, sind vielleicht ein Überfliegen wert. Ein spannender „Schmöker" fesselt.

Ganz anders ein Unterrichtsbuch: Im Unterricht lest ihr Bücher, Zeitschriften und Zeitungen nicht, weil ihr sie so toll findet, sondern ihr nutzt sie als Arbeitsmittel. Vielleicht erklärt es sich daher, dass ihr die Geschichte von Harry Potter bis ins kleinste Detail erinnert, aber den kurzen Text im Politikbuch partout nicht behalten könnt ...

Hier erfahrt ihr, wie man lernt, Drucksachen systematisch für den Unterricht zu nutzen und wie spezielle Arbeitstechniken den Umgang damit erleichtern.

A) Drucksachencheck

DAS BRAUCHT IHR:

Für jede Vierergruppe lokale Tageszeitungen, diverse Zeitschriften

SO GEHT ES:

1. Bestandsaufnahme

● Welche Zeitungen und Zeitschriften sind dir bekannt? Nimm dir 5 Minuten Zeit, sie aufzuschreiben.

Zeitungen	Zeitschriften

● Setzt euch jetzt zu viert zusammen und tauscht eure Erfahrungen aus. Welche Zeitungen/Zeitschriften findet ihr gut? Zu welchem Zweck lest ihr sie?

● Welche Zeitungen/Zeitschriften würdet ihr gerne lesen, wenn es sie gäbe? Überlegt euch, welche Zeitschrift in unserer „Medienlandschaft" fehlt. Wie sollte sie heißen?

● **Zusatzaufgabe:**
Ihr seid aufgerufen, für eure Wunschzeitschrift zu werben. Überlegt euch einen guten Slogan, ein Bildmotiv, einen passenden Spot. Gestaltet ein Titelbild.

2. Rubriken und Inhalte

Zeitungen haben oft eine Aufteilung in immer wiederkehrende Themenbereiche. Zu diesen Rubriken gehören:

• Politik
• Hintergrund
• Kommentar
• Kultur
• Lokales
• Aus aller Welt
• Sport
• Anzeigen/Werbung

● Nehmt eine lokale Tageszeitung und vergleicht, ob ihr diese Rubriken auch dort findet. Wie heißen sie in eurer Zeitung? Welche anderen Rubriken gibt es?

● Nehmt eine Zeitung und schneidet die Überschriften aus. Packt die Überschriften in eine Tüte und zieht reihum abwechselnd eine heraus. Zu welcher Rubrik passt sie?

3. Zeitschriftenvergleich

Zeitschriften kommen in der Regel wöchentlich oder einmal monatlich auf den Markt. Sie sind nicht so aktuell wie **Tageszeitungen** und ihr Inhalt ist in der Regel nicht so breit gestreut. Viele Zeitschriften richten sich an ein Spezialpublikum: Es gibt Zeitschriften für Sportfans, für Heimwerker, für Computer-Interessierte oder auch für Fitness-Begeisterte.

Eine besondere Gattung von Zeitschriften sind **Nachrichtenmagazine** wie „Stern", „Focus" oder „Der Spiegel". Diese Magazine sind eine spezielle Mischung aus Zeitung und Zeitschrift. Sie erscheinen wöchentlich, haben ein breites Spektrum von Themen und greifen aktuelle politische Entwicklungen auf. Mit reicher Bebilderung und grafisch ansprechend aufbereitet versuchen sie, den Lesern die oft komplexen Sachverhalte anschaulich zu vermitteln.

● Untersucht zwei Zeitschriften, für die ihr euch in der Gruppe entschieden habt.
  Worin unterscheiden sie sich? Welche spricht euch mehr an?

Zeitschrift A:	Zeitschrift B:
Erscheinungsweise:	Erscheinungsweise:
Publikum:	Publikum:
Themen:	Themen:
• _____	• _____
• _____	• _____
• _____	• _____
• _____	• _____
• _____	• _____
• _____	• _____
• _____	• _____
• _____	• _____
• _____	• _____
• _____	• _____
• _____	• _____
• _____	• _____

4. Buchsuche

Auch in Bücher gibt es bestimmte Elemente, die (fast) immer vorkommen:
• Nennung des Autors
• Titel
• Untertitel
• Inhaltsverzeichnis
• Kapitelüberschriften
• Klappentext
• Register
• Literaturhinweise

● Nehmt ein Buch und ordnet seine Teile der obigen Liste zu.

B) Arbeitstechniken

1. Richtig lesen

Im Unterricht lest ihr Zeitungen, Zeitschriften und Bücher, um deren Inhalt zu erarbeiten und über ihn zu sprechen. Schnelles Lesen und gutes Verstehen des Gelesenen sind daher wichtig. Ein Text besteht meist aus mehreren Abschnitten, vielleicht sogar aus mehreren Kapiteln, die wieder in Abschnitte gegliedert sind.

Mit der Schnelllese-Technik kannst du rasch verstehen, worum es in einem so strukturierten Text geht. Mit der Vertiefung verschaffst du dir eine genaue Vorstellung vom Inhalt des Textes.

Schnelllese-Technik

- Lies zuerst die Kapitelüberschriften! So machst du dir ein Bild davon, um welches Thema es insgesamt geht.

- Lies dann jeweils den ersten und letzten Satz der einzelnen Abschnitte. Den Text dazwischen „scannst" du mit weit geöffneten, auf „unscharf" gestellten Augen, indem du ihn diagonal von links oben nach rechts unten „abscannst". So bleiben Kernbegriffe vielleicht haften und du erhältst einen Eindruck davon, welche Aspekte des Themas angesprochen werden.

Vertiefung

- Lies den Text jetzt noch einmal langsam und sorgfältig. Prüfe, was du erst jetzt wahrnimmst und beim ersten Durchgang übersehen hast.

Übung „Wie entstand die Erde?"

- Bildet zunächst Gruppen von je sechs Schülern.
  Je zwei aus der Gruppe lesen einen der drei Texte:
  „Wie entstand die Erde?"
  „Wie entstanden die Meere?"
  „Was sind Fossilien?"
  Ihr habt dafür ca. 7 Minuten Zeit.
- Legt den Text beiseite. Sucht aus eurer Gruppe einen Partner, der einen der beiden anderen Texte gelesen hat. Erklärt ihm mit eigenen Worten in ca. 5 Minuten den Inhalt des Textes.
- Tauscht nun die Rollen und lasst euch in ca. 5 Minuten den Text des Partners erklären.
- Nun kennt jeder von euch zwei Texte. Einmal durch Lesen, einmal durch Zuhören.
- Setzt euch nun zusammen und schreibt ohne weiteren Rückgriff auf den Text in eurer Gruppe Stichworte zu einem Kurzreferat mit dem Thema: „Wie Wissenschaftler heute über die Entstehung der Welt denken".
  Ihr könnt auch ein Mind-Map (Seite 80) dazu erstellen.
  Ihr habt dafür ca. 15 Minuten Zeit.
- Tragt die Referate der einzelnen Gruppen im Plenum vor.

● **Texte**

Wie Wissenschaftler heute über die Entstehung der Welt denken

Text 1: Wie entstand die Erde?

Viele Wissenschaftler nehmen an, dass die Sonne, die Erde und alle anderen Planeten unseres Sonnensystems vor ungefähr zehn Milliarden Jahren aus nichts anderem bestanden als aus einer riesigen Wolke von dünnen Gasen und kalten Staubteilchen, die durch den Weltraum wirbelte. Durch die Anziehungskraft, die jeder Körper ausübt, bildete sich allmählich aus den Teilchen eine gewaltige, sich drehende Scheibe. Während sie sich drehte, teilte sich die Scheibe in verschiedene Ringe. Der mittlere Teil der Scheibe wurde die Sonne, und die Teilchen in den Ringen vereinigten sich zu großen Bällen. Sie begannen sich zusammenzuziehen und sich zu verdichten, wobei sie sich bis zur Weißglut erhitzten. Das geschah vor etwa fünf Milliarden Jahren. Dann begannen sie sich abzukühlen, und aus diesen Glutbällen entstanden Erde, Mars, Venus und die anderen Sonnenplaneten. (…)

Text 2: Wie entstanden die Meere?

Als die noch junge Erde sich abzukühlen und fest zu werden begann, entwichen enorme Mengen von Gasen aus den glutflüssigen Gesteinsmassen. Überall loderten feuerspeiende Berge, aus denen die Gasmassen herausströmten. Aus diesen Gasen bildete sich die Atmosphäre der Erde. Sie bestand zum großen Teil aus Wasserdampf und bildete eine dichte Wolkendecke um die Erdkugel. (…) Als die unteren Wolkenmassen genügend abgekühlt waren, begann es zu regnen. (…)
Langsam kühlte die Erdkruste ab und begann fest zu werden. Am Ende waren die Gesteine an der Erdoberfläche erkaltet. Der Regen, der sich in all den Millionen Jahren in der dicken Wolkendecke angesammelt hatte, fiel nun in endlosen Strömen herab. Hunderte oder Tausende von Jahren lang strömte der Regen in einem unablässigen Wolkenbruch. Als die Regenflut schließlich nachließ, waren alle tief liegenden Gebiete der Erdkruste mit Wasser angefüllt. Das waren die ersten Meere. (…)

Text 3: Was sind Fossilien?

In Kiesgruben oder Steinbrüchen kann man gelegentlich versteinerte Gebilde von Pflanzen oder merkwürdigen Tieren finden. Wie sind sie da hineingekommen? Die Tiere lebten vor Jahrmillionen im Meer. Als sie starben, sanken sie in den Sand und Schlamm des Meeresbodens und wurden mit immer mehr Schlamm bedeckt. Im Laufe vieler Jahrtausende wurde der Boden des Meeres hart und zu festem Gestein. Die Körper der Tiere waren verwest, aber die Schalen und Panzer versteinerten und blieben im Gestein erhalten.
Diese Überreste vorzeitlicher Lebewesen nennt man Fossilien. Aber nicht nur Meerestiere, auch Landtiere und Pflanzen wurden zu Fossilien. (…)
Durch das Studium fossiler Pflanzen und Tiere erfahren wir etwas über die Lebensformen, die auf unserer Erde vorkamen, als sie noch sehr jung war. Wir wissen heute, dass das erste Leben wahrscheinlich vor etwa zwei Milliarden Jahren auf der Erde begann, und zwar in Form von Algen – einzelligen Pflanzen, ähnlich jener grünen Schicht, die im Sommer oft auf der Oberfläche von Teichen zu sehen ist. Viel später erst, vor sieben

oder achthundert Millionen Jahren, erschienen die ersten primitiven Formen tierischen Lebens, Würmer und Quallen. Ihnen folgten höher entwickelte Tiere, schließlich die Fische, die ersten Tiere mit einem Rückgrat. Und dann wateten vor etwa 300 Millionen Jahren die ersten Amphibien aus dem Meer aufs feste Land, entwickelten Beine und Lungen und wurden so die ersten Tiere, die Luft einatmen konnten.

Bevor die Tiere das Land erobern konnten, musste es dort Nahrung für sie geben. Es muß also schon vorher Landpflanzen gegeben haben und man weiß, daß sie sich vor 350 Millionen Jahren entwickelt haben.

Die Entwicklung des Lebens ging weiter – über die Reptilien, zu denen die riesigen Dinosaurier gehörten, bis zu den Säugetieren und zu den Menschen. Und diese ganze Entwicklungsgeschichte des Lebens ist wie in einem Bilderbuch in den fossilhaltigen Gesteinsschichten zu erkennen.

Text aus: Lebenszeichen – Ein Unterrichtswerk für den evangelischen Religionsunterricht
in der Sekundarstufe I – Band 1: Arbeitsbuch für das 5. und 6. Schuljahr
Vandenhoeck & Ruprecht
Göttingen 1993. S. 19 und 22

Weitere Übungen

● Vergleiche deine Notizen zu dem abgedruckten Text mit denen deiner Klassenkameraden. Was fällt dir auf? Wie erklärst du dir die Unterschiede?

● Kaufe dir eine Tageszeitung und eine Zeitschrift und übe an verschiedenen Artikeln die besprochene Lese-Methode.

● Trainiere an mehreren Artikeln das Schnelllese-Verfahren. Vergleiche deine Ergebnisse mit denen deiner Mitschüler.

● Organisiert einen Lesewettbewerb: Bildet Gruppen zu vier Personen; jeder erhält ei nen Text, den er nach der Schnelllese-Methode bearbeitet muss. Anschließend referiert ein Gruppenmitglied den Inhalt des Textes. Wer hat am meisten behalten? Woran hat das gelegen?

● Variiert den Wettbewerb: Bildet wieder Gruppen zu vier Personen; jede Gruppe erhält einen insgesamt zwei Seiten langen Text, in vier Teile zerschnitten. Jedes Gruppenmitglied bekommt einen Textteil und liest ihn sich aufmerksam durch. Anschließend referieren alle Gruppenmitglieder ihr Textstück, natürlich in der richtigen Reihenfolge. Vergleicht die Ergebnisse, die die einzelnen Gruppen liefern. Worin liegen Unterschiede in der Qualität der Vorträge? Was haben diese Unterschiede mit dem Leseverhalten zu tun? Besprecht eure Beobachtungen.

2. Richtig markieren

Das Markieren dient als Grundlage für das Anfertigen von Notizen, die du zum Beispiel in dein Arbeitsheft übernehmen kannst.

DAS BRAUCHST DU: Textmarker in mindestens zwei Farben

SO GEHT ES:

- Verschaffe dir mit der Schnelllese-Methode einen Überblick.
- Lies danach die einzelnen Abschnitte sorgfältig durch.
- Überlege beim Lesen, welche Informationen für das Thema wirklich wichtig sind. Markiere die entsprechenden Textteile.
- Lies danach den Text noch einmal. Du kannst diesmal ruhig rascher vorgehen. Markiere dabei (mit der anderen Farbe) die Textstücke, die dir jetzt noch wichtig vorkommen.

> **Achtung!** Viele Menschen neigen dazu, mehr Textstücke zu markieren als nötig. In Untersuchungen hat man festgestellt, dass manche Schüler bei einer solchen Aufgabe bis zu 90 % eines Textes markieren. Das ist zu viel! Markiere sorgfältig und achte darauf, dass am Ende nicht mehr als 1/3 des Textes farbig unterlegt ist.

Übung Texterfassung

> ● Lies die folgenden Texte nach der Schnelllesemethode.
> ● Markiere dabei die wichtigen Passagen.

Text A: Ankommende Nachricht: «Machwerk» des Empfängers

> Die Nachricht, so haben wir gesehen, «hat es in sich»: Eine Vielfalt von Botschaften auf allen vier Seiten steckt darin, teils explizit, teils implizit, teils absichtlich vom Sender hineingetan, teils unabsichtlich mit «hineingerutscht». Dieses ganze Paket kommt nun beim Empfänger an. Aber im Unterschied zu Paketen, die mit der Post ankommen, ist der empfangene Inhalt hier nicht gleich dem abgesendeten Inhalt. Wir haben gesehen, was der Empfänger allein schon dadurch mit der Nachricht alles machen kann, dass er seine vier Ohren in unterschiedlich starkem Maße auf Empfang schaltet. Jetzt kommt noch hinzu, dass der Empfänger einige der Seiten der Nachricht in den «falschen Hals» kriegen kann. Wie kommt das?
>
> Um zu kommunizieren, muss der Sender seine zu übermittelnden Gedanken, Absichten, Kenntnisse – kurz: einen Teil seines inneren Zustandes – in vernehmbare Zeichen übersetzen. Diese Übersetzungstätigkeit heißt: Kodieren. Die Zeichen sind es, die zum Empfänger «auf die Reise» geschickt werden. Was nicht mit auf die Reise gehen kann, das sind die Bedeutungen, die der Sender mit den Zeichen verbindet. Vielmehr ist ein empfangendes Gehirn notwendig, das in der Lage ist, Bedeutungen in die Zeichen neu hineinzulesen. Diese Empfangstätigkeit heißt: Dekodieren. Bei diesem

Akt der Bedeutungsverleihung ist der Empfänger in starkem Maße auf sich selbst gestellt; das Ergebnis der Dekodierung hängt ab von seinen Erwartungen, Befürchtungen, Vorerfahrungen – kurzum: von seiner ganzen Person. So mag es geschehen, dass manche Botschaft überhaupt nicht ankommt (etwa wenn der Empfänger den «mürrischen Unterton» nicht mitkriegt); oder dass er mehr «hineinliest» in die Nachricht, als der Sender hineinstecken wollte (etwa wenn der Empfänger einen «Vorwurf» auf der Beziehungsseite heraushört, den der Sender nicht erheben wollte); oder dass er sich angegriffen fühlt, obwohl der Sender nur einen «lustigen» Gesprächsanlass suchte."

Text aus: F. Schulz v. Thun:
Miteinander reden – Bd. 1. Störungen und Klärungen
Allgemeine Psychologie der Kommunikation
Rowohlt, Reinbek 1989. 61

Text B: Ich sehe nie die Sonne. Eine südkoreanische Näherin erzählt

Mein Tag beginnt.

Die Stimme meiner Mutter weckt mich: «Steh auf! Schon halb sieben!» Aufstehen! Ich will mich ja nicht verwöhnen. Aber sechs Stunden Schlaf sind zu wenig für mich.

Ich gehe früh um sieben los und komme nachts um halb zwölf zurück, um Mitternacht esse ich zu Abend. So geht das jeden Tag. «Es wird schon nicht so schlimm sein, wenn man sich mal dran gewöhnt hat», sage ich zu mir selbst. Aber das hilft nichts. Ich habe keine Geduld mehr. Aber ich muss los, ich muss ja von irgend etwas leben.

Um sieben ist es noch ein bisschen dunkel. Ich gehe durch die Barackensiedlung. Ich höre das traurige Klappern von Tellern. Die meisten hier leben so wie ich. Stoßzeiten für den Bus sind morgens um sieben und abends von zehn bis elf. Wir arbeiten länger als andere, doppelt so lang wie sie. Warum sind wir so arm, nie in der Lage, hier rauszukommen?

Nach einer Stunde Fahrt erreicht der Bus die Fabrik. Wie ein Gefängnis sieht die aus – ein Backsteingebäude mit nur wenigen Fenstern. Unser Arbeitsraum ist eine große Halle, unterteilt durch hölzerne Trennwände. An der Seite der Halle sind keine Fenster. Vielleicht will die Firma nicht, dass jemand hinausschaut. Es riecht nach Staub. Die paar Ventilatoren reichen nicht aus für diesen Riesenraum voll Material, Nähmaschinen, Menschen.

Ich verdiene 20 000 Won im Monat, in Spitzenzeiten manchmal bis zu 80 000 Won. Aber zurücklegen kann ich nichts von diesem Geld, meine Familie kann unser ärmliches Haus nicht verlassen, es kostet auch schon 10 000 Won Miete im Monat. Mein Vater und meine Mutter sind über 60. Meine drei Brüder besuchen eine Schule, meine Schwester arbeitet für 15 000 Won in einem Geschäft. Wie könnte meine Familie leben ohne mich? Und das ist nicht nur mein Problem. Es ist das Problem eines jeden hier im Friedensmarkt. Wir haben hier so viele Krankheiten: Bronchitis, Verdauungsstörungen, Neuralgien. Manchmal huste ich so viel, dass meine Kolleginnen denken, ich hätte Tuberkulose. Bei schlechtem Wetter tun meine Hüften weh. Manchmal kann ich bei greller Sonne die Augen nicht öffnen. Ich kenne keinen Namen für diese Krankheit. Unsere Hände haben viele Wunden vom Nähen. Dies hier ist kein Platz, an dem man attraktiv wird. Unsere Haut wird gelb, weil keine Sonne an sie herankommt. Unsere Hände werden zu

Männerhänden. Wenn wir jemanden treffen, verstecken wir unsere Hände, aus Scham. Wir arbeiten von morgens um sieben bis nachts um halb zwölf. Wir bekommen nicht genug Lohn. Wir werden alt, ohne zu heiraten. Für niemanden hier gibt es einen Ausweg.

So müssen wir lernen, gute Näherinnen zu werden. Ich möchte wissen, ob das unser Schicksal ist. Ist Armut Sünde, oder hält uns jemand in Armut? Da muss was falsch sein – selbst wenn wir den ganzen Tag arbeiten, werden wir nicht für alle Stunden bezahlt. Wenn das Management etwas von uns fordert, tun wir es einfach. Wir sind dumm und faul. Ist Dummheit Sünde?

Der «Menschenmarkt» ist genau in der Mitte des Friedensmarkts. Es ist der Platz, wo Arbeiter wie wir verkauft werden. Um die Mittagszeit versammeln sich dort die Einkäufer, um Lehrmädchen und Arbeiterinnen zu erwerben. Das sind nicht nur Fabrikbesitzer und -manager, sondern auch Arbeiter, die mit anderen ihren Job tauschen wollen. Es ist nicht nur der Platz für Jobsuchende, sondern auch für den Austausch von Informationen. Leute, die kein Mittagessen haben, gehen dorthin, um sich die Zeit zu vertreiben. Es ist auch der Platz, an dem sich Chun Tae Il verbrannte mit dem Schrei: «Wir sind keine Maschinen, wir sind Menschen!»

aus: Michael Denis u.a.:
    „Südkorea – Kein Land für friedliche Spiele"
    rororo aktuell 12237/1988

● Vergleiche deine Markierungen in den Texten mit denen deiner Klassenkameraden. Was fällt dir auf? Wie erklärst du dir die Unterschiede? Wie bedeutsam sind die Unterschiede? Wie richtig oder falsch kann eine Markierung eigentlich sein?

● Kaufe dir eine Tageszeitung und eine Zeitschrift und übe an verschiedenen Artikeln das Markieren.

● Organisiert einen kleinen Wettbewerb: Wer markiert am schnellsten?
  Prüft die Ergebnisse: Die drei schnellsten sollen den Inhalt des Textes anhand ihrer Markierungen wiedergeben. Wie gut klappt das? Wobei tauchen Schwierigkeiten auf? Wodurch sind die Schwierigkeiten zu erklären?

3. Notizen machen und das Heft richtig führen

Das Lesen und Markieren von Texten allein reicht oft nicht aus, um sich die Inhalte auch wirklich anzueignen. Hier helfen Notizen, die man in ein Heft oder Ringbuch überträgt. Wichtig ist es, die Notizen systematisch zu gestalten. Dabei geht es nicht nur um Notizen, die sozusagen Kurzfassungen von Texten sind, die du gelesen hast, wie zum Beispiel als Hausaufgaben. Es geht auch um Notizen, die du während des Unterrichts anfertigst, um dich an die Unterrichtsinhalte zu erinnern: So kannst du dich später besser auf eine Klassenarbeit vorbereiten.

SO GEHT ES:

- Verwende beim Lesen nicht mehr als 15 % deiner Zeit auf das Anfertigen von Notizen.
- Notizen sind nur Erinnerungshilfen und Mittel zum Strukturieren des Lernstoffes. Halte sie so knapp wie möglich.
- Du kannst sie in Form einer Gliederung gestalten, als Mind Map® oder in Stichpunkten: knapp, ohne Zeichensetzung, keine ganzen Sätze.
- Schreibe nichts auf, was du nicht verstehst.

Hier findest du ein Raster, das dir helfen kann, deine Notizen zu systematisieren.

- Unser Muster geht von einem Format DIN A 4 aus.
- Ideal ist auch hier, das Muster als Formatvorlage im Computer anzulegen.
- Unser Muster enthält drei „Leisten", von oben nach unten: die Daten-, die Info- und die Fragen- und Assoziationsleiste. Die Infoleiste ist zusätzlich in eine Begriffs- und Personen- sowie Sachspalte gegliedert.

Seite Nr.

Datenleiste

Fach _____

Schuljahr _____   Datum _____

Thema _____

Infoleiste

Begriffs- und Personenspalte

Sachspalte

Erläuterung der Begriffs- und Personenspalte durch
- Ausdrücke
- Halbsätze
- Tafelbilder
- Gedächtniskarten
- Zeichnungen
- etc.

Fragen- und Assoziationsleiste

- Fragen zur Infoleiste
- Bezüge zu anderen Unterrichtsgegenständen unter Angabe der Seitenzahl der entsprechenden Aufzeichnung

SO ARBEITEST DU DAMIT:

In die **Datenleiste** trägst du ein

- rechts oben in einem Rechteck die Seitennummer des Blatts an dem du gerade arbeitest; dabei zählst du einfach Blatt für Blatt durch;
- das Fach;
- das Thema der Stunde;
- das Schuljahr;
- das Datum der Unterrichtsstunde, auf die sich die Aufzeichnungen beziehen.

Die **Infoleiste** wird zweigeteilt.

In der **Begriffs- und Personenspalte** notierst du
- wichtige Namen von Personen und
- zentrale fachwissenschaftliche Begriffe, die im Unterricht benutzt werden oder in den Texten vorkommen.

Die **Sachspalte** erläutert die Begriffs- und Personenspalte; in ihr beschreibst du genauer, was in der Begriffs- und Personenspalte nur ganz knapp auftaucht. Für diese Beschreibung kannst du alle Formen der Darstellung nutzen:
- Mind Maps®
- Begriffe
- Zeichnungen
- Tafelbilder deiner Lehrer

In die **Fragen- und Assoziationsleiste** gehören

- Fragen, die dir bei der Bearbeitung der Texte einfallen
- andere Informationen, die mit dem Thema etwas zu tun haben, das du gerade bearbeitest und
- Bezüge zu früheren Infoblättern.

Übung Notizen machen

- Lies den folgenden Text.
- Markiere ihn.
- Mache dir Notizen zu dem Text, indem du die Mustervorlage verwendest.

Text: Das unfreie Kind

Das geformte, abgerichtete, disziplinierte, gehemmte Kind findet man überall auf der Welt. Man braucht bloß über die Straße zu sehen. Es sitzt in einer ungemütlichen Bank in einer ungemütlichen Schule. Später wird es an noch ungemütlicheren Schreibtischen in einem Büro sitzen oder an einer Werkbank in der Fabrik. Ein solches Kind ist fügsam, gehorcht der Autorität aufs Wort, fürchtet sich vor Kritik und wünscht fast fanatisch, normal, konventionell und korrekt zu sein. Es nimmt alles, was ihm beigebracht wird, beinahe ohne Frage hin und wird all seine Komplexe, seine Ängste und seine Frustration an die eigenen Kinder weitergeben.

Psychologen haben behauptet, dass den Kindern in den ersten fünf Lebensjahren die meisten psychischen Schäden zugefügt werden. Vielleicht kommt man der Wahrheit näher, wenn man sagt, es sind die ersten fünf Monate des Lebens oder die ersten fünf Wochen oder sogar die ersten fünf Minuten, in denen ein Kind so geschädigt werden kann, dass es sein ganzes Leben darunter zu leiden hat.

Die Unfreiheit beginnt schon mit der Geburt oder vielmehr: schon lange vor der Geburt. Wenn eine gehemmte, körperlich steife Frau ein Kind kriegt, wer kann da sagen, welche Auswirkungen ihre Steifheit auf das neugeborene Kind hat?

Es ist vielleicht keine Übertreibung zu sagen, dass alle Kinder unserer Gesellschaft in einer lebensfeindlichen Atmosphäre geboren werden. Die Verfechter der Fütterung nach Stundenplan sind im Grunde Feinde des Genusses. Sie wollen das Kind beim Stillen disziplinieren, weil das Stillen ohne Stundenplan in ihnen die Vorstellung orgastischen Genusses an der Brust hervorruft. Das Ernährungsargument ist meist nur eine Rationalisierung, ein vorgeschobener Vernunftgrund für ein unvernünftiges Motiv, aus dem heraus sie das Kind zu einer Kreatur drillen möchten, die die Pflicht über den Genuss stellt.

Stellen wir uns das Leben eines durchschnittlichen Lateinschülers vor, den wir John Smith nennen können. Seine Eltern gehen nur ab und zu in die Kirche, doch bestehen sie darauf, dass John jede Woche in die Sonntagsschule geht. Die Eltern hatten geheiratet, weil sie sich sexuell zueinander hingezogen fühlten und heiraten mussten, weil man in ihren Kreisen nur sexuell zusammenleben kann, wenn man „anständig" ist – und das heißt nun mal: verheiratet. Wie das so oft passiert: die sexuelle Anziehung reichte nicht aus und unterschiedliche Temperamente machten das Heim zu einem Ort der Spannung, in dem es gelegentlich zu lauten Streiten zwischen den Eltern kam. Es gab auch viele zärtliche Momente, aber der kleine John hielt die lauten Streite für normal, denn sie trafen ihn am Solarplexus. Er begann, sich zu fürchten, weinte und kriegte einen Klaps, weil er ohne Grund weinte.

Von Anfang an wurde er also dressiert. Nur zu bestimmten Zeiten Nahrung zu erhalten frustrierte ihn stark. War er hungrig, so sagte die Uhr, dass er erst in einer Stunde Nahrung bekommen durfte. Er war in zu viele Tücher gewickelt, die ihm keinen Raum ließen. Er merkte, dass er nicht so frei strampeln konnte, wie er mochte. Die bei der Fütterung erlittene Frustration verleitete ihn zum Daumenlutschen. Aber der Hausarzt sagte, man dürfe John gar nicht erst schlechte Gewohnheiten annehmen lassen, und Mama wurde beauftragt, Johns Arme festzubinden oder eine übelriechende Substanz auf seine Fingerspitzen zu schmieren. Solange er Windeln trug, kümmerte man sich nicht um seine körperlichen Bedürfnisse. Sobald er jedoch zu kriechen begann und auf den Fußboden machte, flogen Wörter wie „unartig" und „schmutzig" durchs Haus, und die Sauberkeitserziehung nahm einen grimmigen Anfang.

Text aus: A. S. Neill – Theorie und Praxis der antiautoritäten Erziehung
  Das Beispiel Summerhill
  Rowohlt, Reinbek 1983, 105 f.

● Vergleiche deine Aufzeichnungen zu dem Text von A. S. Neill mit denen deiner Klassenkameraden. Was fällt dir auf? Wie erklärst du dir die Unterschiede? Wie bedeutsam sind die Unterschiede? Wie richtig oder falsch kann eine Notiz sein? Besprecht, wie ihr zu euren Notizen gekommen seid; vergleicht dazu auch die Markierungen, die ihr gemacht habt.

● Teste die Qualität deiner Aufzeichnungen: Referiere den Inhalt des Textes aus dem Buch von Neill anhand der Notizen. Deine Notizen sind gut, wenn das Referat problemlos klappt.

● Fertige in Zukunft deine Hausaufgaben mit der Mustervorlage an. Passe das Muster – wenn nötig – deinen persönlichen Bedürfnissen an.

4. Zitieren

In Klassenarbeiten oder auch bei deinen Hausaufgaben musst du oft auf vorgegebene Texte zurückgreifen, um deine Hypothesen oder Interpretationen zu begründen. Manchmal ist es sinnvoll, dabei Teile eines vorgegebenen Textes wörtlich zu übernehmen. Man nennt das zitieren. Es hat wenig Zweck, den eigenen Text bis an den Rand mit Zitaten zu spicken; Zitate haben die Funktion, die eigenen Aussagen nachhaltig zu unterstreichen. Man sollte daher Zitate maßvoll und gezielt einsetzen, um diesen Effekt auch tatsächlich zu erreichen.

SO GEHT ES:

A) Wörtliches Zitieren

Beim wörtlichen Zitieren musst du einige Regeln beachten. Es gibt verschiedene, teils etwas umständliche Formen. Klärt mit eurem Lehrer, welche er bevorzugt. Was aber immer gilt:

• Du musst den Text wirklich wörtlich übernehmen; das gilt auch für den Satzbau.
• Setze den wörtlich übernommenen Teil in Anführungszeichen, um ihn als Zitat zu kennzeichnen.
• Du musst angeben, wo genau der Text steht, den du zitiert hast. Im laufenden Text erfolgt dies nach dem Muster: Name des Autors, Erscheinungsjahr, Seitenzahl.
• Am Schluss der Arbeit sollten alle Quellen, die verwendet wurden, ausführlich mit Titel und Verlagsangaben stehen.

Beispiel 1:

„Das geformte, abgerichtete, disziplinierte, gehemmte Kind findet man überall auf der Welt. Man braucht bloß über die Straße zu sehen. Es sitzt in einer ungemütlichen Bank in einer ungemütlichen Schule." (Neill, 1983, 105)

Beispiel 2: Der Name des Verfassers wird im Text erwähnt

Neill schreibt dazu: „Das geformte, abgerichtete, disziplinierte, gehemmte Kind findet man überall auf der Welt. Man braucht bloß über die Straße zu sehen. Es sitzt in einer ungemütlichen Bank in einer ungemütlichen Schule." (1983, 105)

Beispiel 3: Auflistung im Quellen- oder Literaturverzeichnis
am Ende der Arbeit

> A. S. Neill: Theorie und Praxis der antiautoritäten Erziehung.
> Das Beispiel Summerhill. Rowohlt. Reinbek 1983. 105 f.

B) Zitieren dem Sinne nach

Kennzeichnen musst du auch, wenn du einen Gedanken nur dem
Sinne nach zitierst.

- Bei Zitaten dem Sinne nach fehlen die Anführungszeichen.
- Du musst den Konjunktiv setzen, wenn du das Zitat als indirekte
  Rede formulierst. Er kann fehlen, wenn du die Aussagen eines an-
  deren Autors als Tatsache verstanden haben möchtest.
- In jedem Fall: Gib an, von wem der Gedanke stammt und wo
  genau du ihn gefunden hast.

Beispiel

> Neill meint in seinem revolutionären Buch, das disziplinierte, ge-
> hemmte Kind finde man überall auf der Welt. Es sei in der Schule
> ebenso zu finden wie später im Beruf. (1983, 105)

Übung Zitieren

- Lies noch einmal den Text von A. S. Neill. Schreibe einen kleinen Aufsatz. Gib dabei den Text von Neill mit deinen eigenen
  Worten wieder. Verwende möglichst viele wörtliche Zitate.

- Schreibe nun deinen Aufsatz um. Ersetze alle wörtlichen Zitate
  durch Zitate dem Sinne nach.

4.7 Die Massenmedien: TV und Radio

Fernsehen und Hörfunk sind die gängigsten und beliebtesten Massenmedien; sie stellen eine Form der Ein-Wege-Kommunikation her, die sich von dem Informationsaustausch zwischen Personen unterscheidet: Ob der Empfänger, also der Zuschauer oder Zuhörer die Information empfängt, versteht oder gut findet, ist zum Zeitpunkt der Sendung uninteressant.

Fernsehen und Hörfunk haben sich in den letzten 40 Jahren rasant verändert. Immer mehr Sender, immer mehr Sendungen, immer schnellere und Effekt heischend aufgemachte Informationen. Inzwischen verschmelzen die Medien miteinander. Auch über das Internet werden bereits Texte und Bilder angeboten. Webradios und Internet-Sender sind die Plattform der Zukunft.

Was bieten die audio-visuellen Medien Hörfunk und Fernsehen zurzeit an Informationsgrundlage für Schule und Unterricht? Im Schulalltag wurden bislang Fernseh- und Hörfunksendungen eingesetzt, um ein Unterrichtsthema zu veranschaulichen oder um Zusatzwissen zu vermitteln. Das Schulfernsehen versucht, Wissen anschaulich aufzubereiten.

Darüber hinaus gibt es im Unterricht Themen, die eine Einbeziehung aktueller Informationen aus Fernsehen, Hörfunk und Presse notwendig erscheinen lassen, z.B. in Politik und Gesellschaftslehre.

Manchmal ist es auch sinnvoll, anhand aktueller Themen und Fragen die Medien selbst zum Gegenstand von Unterricht zu machen.

Massenmedien-Check

1. TV-Total

Mehr als 30 Sender. Mehrere hundert Sendungen pro Tag. Was da alleine in unserem Land versendet wird, passt auf keine Netzhaut. Die Frage ist nur: Für wen wird das alles produziert?

Findest du im Fernsehen genau das wieder, was dich wirklich interessiert? Oder ist es eher so, dass dich genau das interessiert, was im Fernsehen gezeigt wird? Zeit für einen Selbstversuch.

- Schreibe auf einen Zettel die Themen, die dich interessieren.

- Verfolge über eine Woche das TV-Programm. Wie viele Sendungen haben diese Themen behandelt?

● Wiederhole das Experiment in Bezug auf schulische Themen. Welches Thema wird z.B. gerade in Politik, Gesellschaftslehre oder Geschichte behandelt? Verfolge für eine Woche das TV-Programm mit dem Fokus darauf.

● Falls du eine Sendung über dieses Thema gesehen hast, hat sie aufschlussreiche Informationen enthalten, die du für den Unterricht nutzen könntest?

2. TV-Schätzchen

Bestimmt hast du eine Lieblingssendung im Fernsehen, die du besonders gern und regelmäßig siehst. Arbeite zunächst etwa 15 Minuten allein die folgenden Fragen durch.

1. Wie heißt deine Lieblingssendung und wann wird sie ausgestrahlt?

2. Beschreibe kurz, worum es in deiner Lieblingssendung geht.

3. Was magst du besonders an deiner Lieblingssendung? Warum?

4. Stelle dir vor, du wärest der Regisseur der Sendung. Was würdest du anders machen, als es jetzt ist? Wie begründest du deine Änderung?

5. Was gehört deiner Meinung nach alles zu einer Sendung, die dich ansprechen soll? Nenne 6 Dinge.

1.	
2.	
3.	
4.	
5.	
6.	

● Findet euch jetzt in Vierergruppen zusammen. Informiert euch gegenseitig über eure Lieblingssendungen. Sammelt die Punkte, die für jeden von euch zu einer guten Sendung gehören.

● Einigt euch auf 10 dieser Punkte, schreibt sie auf ein Plakat
und stellt sie anschließend dem Plenum vor.

1.	
2.	
3.	
4.	
5.	
6.	
7.	
8.	
9.	
10.	

3. Nachrichten-Check

DAS BRAUCHT IHR:

TV-Gerät und Videorekorder

SO GEHT ES:

• Zeichnet per Video zwei Nachrichten-Sendungen vom selben
Tag auf: eine aus dem öffentlich-rechtlichen Fernsehen, also die
ARD Tagesschau oder heute vom ZDF; die andere von einem
Privatsender z.B. die VOX- oder Pro 7-Nachrichten.

• Schaut euch die Sendungen gemeinsam an.
Jeder erarbeitet die nachstehenden Aspekte zunächst etwa
30 Minuten lang für sich alleine.

● Beschreibe kurz die wichtigsten Elemente der beiden Nachrich-
tenstudios.

● Welchen Eindruck machen die Studios? Würdest du so ein Studio
einrichten? Oder würdest du etwas ändern? Was?

● Welche Themen kommen in den beiden Sendungen vor?
Mache eine Liste, die der Reihenfolge entspricht, in der die
Themen behandelt werden.

Sendung A	Sendung B

● Notiere in der Übersicht oben, welche Themen als Film behandelt werden.

● Wähle jetzt zwei Themen aus, die in beiden Sendungen vorkommen. Vergleiche die Sprechertexte. Welche Unterschiede fallen dir besonders auf?

- Setzt euch jetzt mit einem Partner zusammen und vergleicht eure Ergebnisse (10 Min.).

- Stellt die wichtigsten 5 Unterschiede zwischen den beiden Sendungen jetzt noch einmal zusammen.

Sendung A	Sendung B

● Kommt zu einem Urteil über die beiden Sendungen. Beschreibt jede Sendung mit drei Eigenschaftswörtern, die besonders kennzeichnend sind.

● Stellt eure Ergebnisse anschließend im Plenum vor und diskutiert sie.

● Wiederholt die Untersuchung mit einer Kassettenaufnahme der Nachrichtensendungen bei zwei Radiosendern. Welche Unterschiede könnt ihr hier feststellen?

● Worin unterscheidet sich die Hörfunksendung von den TV-Nachrichten?

5. Radio Schulfunk

Ihr könnt selbst eine Hörfunk-Nachrichtensendung produzieren. Dabei müsst ihr nicht auf aktuelle Ereignisse des Tages eingehen; und selbstverständlich muss die Sendung auch nicht todernst werden ...

- Bildet Vierergruppen. Jede Gruppe produziert eine 5-minütige Nachrichtensendung.

- Jedes Gruppenmitglied überlegt zunächst für sich, welche fünf Themen ihm besonders wichtig sind.

- Setzt euch dann wieder zusammen und vergleicht, was ihr aufgeschrieben habt. In den nächsten 15 Minuten sollt ihr euch auf höchstens 10 Themen einigen, die dann in der Sendung vorkommen sollen. Schreibt sie in die linke Spalte der Tabelle.

1.	1.
2.	2.
3.	3.
4.	4.
5.	5.
6.	6.
7.	7.
8.	8.
9.	9.
10.	10.

● Und jetzt einigt euch auf die Reihenfolge, in der die 10 Themen vorkommen sollen. Ihr habt 10 Minuten Zeit dafür; schreibt die Themen dann noch einmal gemäß der Reihenfolge in die rechte Spalte der Tabelle.

● Jetzt müsst ihr die Texte schreiben. Am besten teilt ihr die Themen unter euch auf.
Zu jedem Thema sollte ein Text entstehen, der ungefähr 6 Schreibmaschinenzeilen umfasst; natürlich kann der eine oder andere auch ein wenig länger sein.

● Jetzt müsst ihr die Texte auf das Tonband sprechen. Viel Spaß dabei.

Übung: Fernsehen kann auch bilden

Auch wenn ihr um Wissenschafts- oder Nachrichtensendungen gerne einen Bogen macht: Fernsehen heißt nicht nur Unterhaltung. Gewisse Sendungen lassen sich gut als Informationsquelle nutzen. So kannst du Fernsehsendungen unter Umständen auch als Informationsgeber für dein nächstes Referat nutzen. Zur Übung haben wir die folgenden Themen vorgegeben – du kannst dir aber auch von deinem Lehrer eins geben lassen oder natürlich ein aktuelles anderes nehmen.

Themenvorschläge:
- Jugend und Politik heute
- Treibhaus Erde
- Gewalt von rechts
- Zukunft Europa

- Suche in einer Fernsehprogrammzeitschrift nach Sendungen, die zu deinem Thema passen könnten. Kreuze sie an.

- Programmiere einen Videorekorder auf alle Sendungen, die du markiert hast. Zeichne die Sendungen auf.

- Schaue dir die Sendungen im Schnelldurchlauf an. Entscheide, welche Sendungen für dich geeignet sind und welche nicht.

- Sieh dir die geeigneten Sendungen genauer an; bearbeite sie mit Hilfe der folgenden Fragen.

1. Welche besonderen Tatbestände werden zu deinem Thema dargestellt? Mache eine kurze Inhaltsangabe der Sendung.

2. Welche Art von Erfahrungen werden vermittelt?

3. Worin besteht der besondere Appell an den Zuschauer der Sendung?

4. Wie ist die Sendung gestaltet? (Bericht, Kommentar, Interview, Visualisierung etc.)

- Gestalte dann ein Mind Map® zu den Informationen, die die Sendung vermittelt.

- Verfahre mit den anderen Sendungen ebenso.

4.8 Bibliotheken, Archive und Museen

Bibliotheken, Archive und Museen sind ideale Informationsquellen, zum Beispiel für den Geschichts-, Politik- oder Kunstunterricht. Der Besuch einer solchen Institution macht aber nur Sinn, wenn ihr vorher wisst, was ihr suchen oder anschauen wollt.

● Welche Bibliotheken, Archive und Museen gibt es in eurer Stadt bzw. in der näheren Umgebung? Erstellt eine Kartei, die für alle in der Klasse als Nachschlagewerk zugänglich ist. Für jede Institution legt ihr eine Karteikarte an, auf der verzeichnet ist:
• Name der Institution
• Adresse, Telefonnummer, Fax, Internet-Adresse
• Was gibt es dort besonderes zu sehen? Wie ist die Ausstattung?
• Wenn es Erfahrungsberichte von Mitschülern, Lehrern gibt, vermerkt sie in kurzen Stichworten auf der Karte.

● Besorgt euch weiteres Material: Holt oder bestellt Prospekte und Kataloge, telefoniert mit dem Personal. Vereinbart gegebenenfalls eine Führung. Druckt euch die Informationen aus dem Internet aus.

● Checkliste Museumsbesuch

Ein Besuch im Museum oder in einem Archiv sollte gut vorbereitet sein. Daran solltet ihr denken:

1. Vor dem Besuch:
• Überlegt euch in eurer Arbeitsgruppe Themenaspekte, Aufgaben und Fragen .
• Besorgt euch Kataloge oder Pläne über den Aufbau des Museums, Archivs, der Bibliothek.
• Legt den Termin fest und bestimmt die Uhrzeit.
• Erkundigt euch nach Fahrplänen für Busse, Straßenbahnen oder den Zug.
• Plant Zeit für Fußwege ein.
• Vereinbart wenn nötig eine Führung.

2. Während des Besuchs:
• Bleibt bei Führungen nahe beim Führer, hört zu, stellt Fragen; verhaltet euch ruhig, geht langsam, bleibt bei der Gruppe.
• Zum Arbeiten: Holt die entsprechenden Bücher oder Medien aus den Regalen, bringt sie zum Platz, setzt euch hin und bearbeitet in Ruhe die Themen, Aufgaben, Fragen.
• Macht euch Notizen; vergesst nicht, die Quellenangaben für die Literaturliste und Zitate aufzuschreiben.
• Stellt die Bücher am Ende wieder zurück.

3. Nach dem Besuch:
- Tauscht in eurer Arbeitsgruppen die gewonnenen Informationen aus,
- ordnet die Ergebnisse gemeinsam und
- bereitet sie medial auf.

Übung Bibliotheken-Rallye

Ihr wollt euch in einer Bibliothek Informationen beschaffen. Wir machen daraus einen Wettbewerb.

Qualifikationsnorm

Diese Vorbedingungen müsst ihr erfüllen, um euch für die Teilnahme an der Rallye zu qualifizieren. Zur Not müsst ihr in einem kleinen Crashkurs diese Fähigkeiten erwerben.
- Ihr verfügt über einen gültigen Benutzerausweis.
- Ihr kennt die örtlichen Gegebenheiten der Bibliothek. Diese Fragen bereiten euch keine Kopfschmerzen: Wo stehen welche Bücher? Wo befindet sich der Katalog? Wo ist der Lesesaal? Wo ist die Ausleihe? Wo befinden sich Zeitschriften?
- Ihr wisst, wie man mit dem Katalog arbeitet, sei es per EDV oder mit Karteikarten.
- Ihr wisst, wie man Bücher ausleiht oder sich im Lesesaal bereit stellen lässt.
- Ihr könnt themenzentriert mit Büchern arbeiten – zu Hause oder im Lesesaal.

SO GEHT ES:

Immer vier von euch bilden eine Gruppe. Bearbeitet in der Bibliothek die nachfolgenden Aufgaben. Nehmt die Uhrzeit. Für jede richtige Antwort gibt es hinterher 5 Punkte, für jede angefangene Minute, die ihr gebraucht habt, werden 2 Punkte abgezogen. Gewonnen hat die Gruppe mit den meisten Punkten.

- Was bedeutet ISBN?

- Wie ist die Signatur in der Bibliothek aufgebaut?

- Wozu verwendet die Bibliothek Mikrofilme?

- Was ist eine Belegbibliothek?

- Was ist eine Belegstelle?

- Was bedeutet „exzerpieren"?

- Auf welcher Seite steht im Großen Brockhaus eine Information über den Musiker Mozart?

- Auf welchen Menschen geht der Brauch zurück, am Vorabend des 6. Dezember einen leeren Stiefel oder Schuh vor die Tür zu stellen, in der Hoffnung, darin am nächsten Tag Geschenke zu finden?

- Welche Signatur hat der Schülerduden Politik oder Geschichte?

- Welcher Fluss fließt von Norden in das Tote Meer?

- Suche die Namen von mindestens 6 römischen Kaisern.

- Male einen Grundriss der Bibliothek; zeichne darin die Bereiche rot ein, die Bücher für Geschichte und Politik enthalten.

- Sucht über das Lesegerät: In welchem Verlag in Hamburg ist eine dreibändige Ausgabe der Werke Schillers erschienen?

- Nennt fünf Titel einer Reihe von Jugendbüchern, die ihr kennt. Stellt fest, wann die Bücher erschienen sind.

- Wie viele Bände hat die Taschenbuchausgabe von Kindlers Literaturlexikon?

- Überlegt euch zwei weitere Aufgaben, mit denen ihr „eure" Bücherei erkunden könnt.

4.9 Informationsquelle Internet

DARUM GEHT ES:

Das Internet ist ein Bereich, der von Mythen lebt. Die Datenfülle, die sich ständig vervielfacht, sprengt jedes menschliche Vorstellungs-, geschweige denn Fassungsvermögen. Die Mehrzahl der im Web verfügbaren Daten ist schlicht „Datenmüll". Das „World Wide Web" ist allerdings auch ein geradezu unschätzbares Informationsmedium. Es bietet eine Fülle von Seiten, bestehend aus Text-, Bild-, Ton-, Filmdokumenten zu allen nur erdenklichen Themen. Nirgendwo sonst sind die Daten so aktuell, international und interaktiv aufbereitet zu finden. Die Frage ist nicht, was man findet, denn man findet hier nahezu alles, was medial aufbereitet werden kann. Die Frage ist, wie man es findet. Suchen im Netz will gelernt sein. Entsprechend muss man die Suche nach bestimmten Informationen gezielt angehen, wenn man nicht in der Informationsflut versinken will.

> **Vorbemerkung**
> An dieser Stelle wollen wir nicht vermitteln, auf welche Weise man ins Netz kommt, wie man den Computer konfiguriert, welcher Provider empfehlenswert ist usw. Wir gehen davon aus, dass diese Dinge bereits bekannt und die technischen Erfordernisse zum Los-surfen vorhanden sind.

SO GEHT ES:

1. Übung: Abgeordnete im Netz

> Umfassende Informationen über den Deutschen Bundestag und seine Mitglieder findet ihr im Internet.
> Wie stellen sich die Abgeordneten im Internet dar? Zeit für eine kritische Untersuchung.

- Überlegt in Partnerarbeit, welche Informationen ihr auf der betreffenden Seite erwartet.
- Notiert eure Erwartungen in einer Tabelle, die ihr später mit dem vorgefundenen Material vergleicht (siehe nachfolgendes Muster).
- Sucht den Bundestagsabgeordneten eures Wahlkreises auf der Website des Bundestages.
- Beurteilt die Website kritisch an Hand eurer Kriterien. Füllt anschließend die rechte Spalte der Tabelle aus.

Das erwarte ich auf der Seite :	Das habe ich gefunden:
Informationen über die Person • Alter • Familienstand • Beruf • …	
Informationen über die politische Gesinnung	
Stellungnahme zu aktuellen Fragen	
…	

● Vergleicht die Ergebnisse mit den Erwartungen. Hat euch die Website überzeugt?

● Notiert, was euch sonst noch an der Website auffällt.

● Was fehlt euch an dieser Website? Was könnte anders, besser sein?

● Angenommen, ihr hättet den Auftrag, euren Bundestagsabgeordneten im Internet zu präsentieren. Welche Verbesserungsvorschläge würdet ihr für die Internetseite empfehlen? Erarbeitet in Partnerarbeit fünf Empfehlungen für bessere inhaltliche und grafische Gestaltung.

1.	
2.	
3.	
4.	
5.	

● Schreibt eure Tipps auf ein Plakat und hängt es im Klassenraum aus.

● Besprecht die Ergebnisse im Plenum. Entwickelt gemeinsam 10 Tipps für die Internetseite des Abgeordneten. Vielleicht könnt ihr ja einen konkreten Gestaltungsvorschlag entwerfen.

● Viele Abgeordnete haben auf ihrer Seite eine Email-Adresse angegeben. Wie wäre es, wenn ihr ihm eure begründeten Verbesserungsvorschläge zuschickt? Demokratie lebt vom Mitmachen und Einmischen.

2. Übung: Richtig suchen

Angenommen, du brauchst für ein Referat Informationen zum Thema „Nationalsozialismus". Wie gehst du an die Sache heran? Suchen! Aber wie?
Mit Hilfe einer Suchmaschine. Bloß: Suchmaschinen gibt es inzwischen auch so viele,
dass man leicht den Überblick verlieren kann.

Suchmaschinen als Mittel gegen Chaos

Suchmaschinen sind Programme, die gezielt das Word Wide Web oder Teile davon (wie
den deutschsprachigen Raum) nach bestimmten Webseiten absuchen. Welche Suchmaschinen für welche Aufgaben geeignet sind, kann man nur bedingt sagen, weil alles
im Zusammenhang mit dem Internet einem raschen Wandel unterliegt. Tatsache ist,
dass die Menge und die Qualität der Ergebnisse je nach Suchmaschine sehr unterschiedlich ausfällt. Hier eine kurze Liste gängiger Suchmaschinen:

- http://www.altavista.com
  sehr umfassende Suchmaschine

- http://www.dino.de
  deutsches Internet-Organisationssystem, thematisch gegliedert

- http://www.fireball.de
  deutsche Suchmaschine, gute Ergebnisse bei politischen und sozialen Themen

- http://www.lycos.de
  Katalog mit Indizierung der Seiteninhalte, ca. 10,8 Millionen Dokumente

- http://www.netguide.de
  deutschsprachiger Katalog der Zeitschrift FOCUS, ca. 80 Millionen Dokumente

- http://www.yahoo.com
  thematisch orientierte Suche

- http://meta.rrzn.uni-hannover.de
  die Suchmaschine über Suchmaschinen

- Probiert die Suchmaschinen nacheinander aus. Gebt das Stichwort „Nationalsozialismus" in das dafür vorgesehene Feld ein und drückt den Button „suchen" oder „ok".

- Welche Erfahrungen macht ihr?

- Welche Schlüsse leitet ihr aus euren Erfahrungen ab?

- Wahrscheinlich ist die Zahl der angegebenen Websites so groß, dass ihr euch hoffnungslos darin verlieren würdet, sie alle anzuklicken. Ihr kommt also nicht umhin, den
  Suchbegriff einzuschränken. Wie das geht, findet ihr auf den jeweiligen Suchmaschinen unter „erweiterte Suche" oder „Profi-Suche" beschrieben.

- Versucht es einmal mit dem Suchbegriff „Ursprung des Nationalsozialismus" oder mit
  einer Kombination der Begriffe „Nationalsozialismus" und „Kirche". Wie groß ist die
  Zahl der Einträge jetzt?

3. Übung: Suche-Protokoll

Ihr habt gemerkt, die Suche ist gar nicht so einfach. Die Vielfalt der Suchergebnisse verleitet zum Hin- und Herspringen. Eine gute Hilfe für eine erfolgreiche Suche ist die Führung eines Such-Protokolls, das für die spätere Auswahl geeigneter Suchmaschinen eine große Hilfe sein kann.

Der virtuelle Faden im Labyrinth

Springt man von einem Suchergebnis zum anderen, dann weiß man bald nicht mehr, was man eigentlich wissen wollte und schon gar nicht, was man bisher schon an Informationsquellen durchlaufen hat. Das eigene Suchverhalten zu dokumentieren kann hier eine echte Hilfe sein. Clever ist es, dies so zu tun, dass aus diesem Dokument wieder eine interaktive HTML-Seite entsteht.

Erst reflektieren, dann dokumentieren, dann handeln, sprich klicken!

- Setzt euch paarweise zusammen.

- Öffnet ein Textprogramm (z.B. Word) parallel zum Web-Browser (z.B. Netscape).

- Definiert eure Suchaufgabe genau.

- Präzisiert dabei die Suchbegriffe, um das Ergebnis der Suche möglichst exakt eingrenzen zu können. Habt ihr das Thema bereits durch eine Mind Map® für eine Präsentation strukturiert, dann fällt der Suchvorgang leichter.

- Startet im Browser die Suchmaschine! Verändert u.U. den Suchbegriff noch einmal.

- Kopiert jede angewählte Adresse in das Textprogramm.

- Schreibt dahinter eine kurze Begründung im Hinblick auf den Suchauftrag.

- Dokumentiert und kommentiert so jedes Zwischenergebnis der Suche.

- Interessante Adressen, auf die ihr stoßt, die aber nicht im Zusammenhang mit dem Suchauftrag stehen, werden in eine gesonderte Datei für die spätere Bearbeitung kopiert.

- Fertigt aus den Dokumenten des Suchvorgangs ein HTML-Dokument an als Grundlage für Erweiterungen, Berichte, Gruppendiskussionen u.a. Nutzt dabei die Möglichkeiten des Textprogramms, z. B. den Word-Assistenten.

Exkurs Schulweb

Aus der Vielzahl schulrelevanter Internetadressen greifen wir einige interessante Beispiele heraus. Diese Adressen können als Startseiten für weitere Recherchen verwendet werden.
● Der Bildungsserver des Landes NRW:
  http://www.learn-line.nrw.de/Themen/NeueMedien
● Eine interessante pädagogische Startrampe aus Süddeutschland:
  http://www.zum.de

Auch die Schulbuchverlage bieten mittlerweile lohnenswerte Unterstützung für Lehrer, Schüler und Eltern an.
● Nutze z.B. das Angebot auf der Cornelsen-Seite:
  http://www.cornelsen.de
● Besuche eine Lern-Community:
  http://www.learnetix.de

4. Übung: Alles im Netz

Die „Europäische Währungsunion" ist ein aktuelles Thema. Versuche dich über dieses Thema im Internet zu informieren. Beachte dabei die oben genannten Regeln für die Vorbereitung der Suche. Versuche stets, mit höchstens acht Klicks ein gesuchtes Dokument zu finden.

Bereite ein Referat zu einem der folgenden Themen vor:
a) Der Fall der Mauer in Berlin
b) Der Konflikt in Nordirland
c) Neue religiöse Bewegungen
d) Erziehung zur Mündigkeit
e) Das Schulsystem in der Bundesrepublik Deutschland

Nutze bei deinen Recherchen das Internet. Für die Referatvorbereitung und die Präsentation deiner Ergebnisse bekommst du Informationen in diesem Buch und natürlich im Internet.

● Suche gezielt über die im Text genannten Internet-Adressen nach dem Thema „Lernen lernen". Schreibe dir die Stichworte auf, die in dem vorliegenden Buch noch nicht behandelt werden. Suche einige der angegebenen Seiten („links") auf. Untersuche das Material auf seinen Informationsgehalt.
  Suche die Internet-Seite des Cornelsen-Verlags und schaue dir dort die Ergänzungen zu diesem Buch an. Welche Tipps würdest du den Autoren dieses Buches auf die Frage geben, was sie noch besser machen können?

● Notiere deine Erfahrungen und persönlichen Eindrücke bei der Internet-Suche. Versuche eine Strategie für dich zu entwickeln und ständig zu verbessern. Schreibe dir die Methode stichwortartig auf.

Daten analysieren und präsentieren

5

5.1 Präsentationstechniken

DARUM GEHT ES:

Ihr habt ein Thema erkundet, die Problemstellung eingegrenzt, Daten gesammelt, die wichtigen Informationen herausgefiltert. Nun müsst ihr diese gesammelten Informationen analysieren und in eine Form bringen, die es erlaubt, sie anderen vorzustellen.

Es ist wichtig, sich über die Form der Präsentation schon frühzeitig Gedanken zu machen, denn sie kann auch die Analyse und Bewertung der Daten wesentlich mitbestimmen.

In diesem Kapitel erfahrt ihr, welche Techniken, Medien und Formen der Präsentation ihr zur Vorstellung eurer Arbeit nutzen könnt. Diese Auflistung kann nicht umfassend sein: zu vielfältig sind die möglichen Methoden und Formen der Präsentation. Sie stellen aber die gängigsten Möglichkeiten vor und geben hoffentlich genügend Anregungen, andere Formen selbst auszuprobieren.

SO GEHT ES:

1. Checkup Analyse von Daten

Wenn ihr die Daten ausgewertet habt, wird es Zeit, die Erkenntnisse umzugruppieren, neu zu strukturieren, zu vergleichen, einander gegenüber zu stellen, aus anderen Blickwinkeln zu betrachten.

So könnt ihr zentrale Aussagen herausarbeiten, Schlussfolgerungen ziehen, Entscheidungen treffen, Beziehungen erkennen, neue Aspekte benennen …

> **Das Analysieren von Daten heißt:**
> ordnen, einteilen, vergleichen, Vor- und Nachteile herausstellen, vermuten, prüfen.

Ein gutes Mittel zur Strukturierung und Ordnung von Daten sind Tabellen und Diagramme. Sie helfen euch, die Gedanken in eine logische Form zu bringen und einen Überblick zu gewinnen.

2. Checkup Diagramme und Tabellen

Zum strukturierten Denken und Ordnen und zum Präsentieren eignen sich bestimmte Strukturierungshilfen besonders.

Tabellen bringen komplexe Informationen in überschaubare Form. Die Ergebnisse von Befragungen, Wahlergebnisse, Ranglisten werden als Tabellen dargeboten. Welche anderen Tabellen kennst du?

Diagramme bringen Daten in eine optisch ansprechende und leicht zu erfassende grafische Form. Tabellen lassen sich, wenn sie nicht zu umfangreich sind, in Diagramme umsetzen, z.B. die Sitzverteilung im Parlament nach einer Wahl in Form eines Säulendiagramms.

Diagramme lassen sich aber auch nutzen, um Lernprozesse zu erleichtern.
Hier einige mögliche Formen:

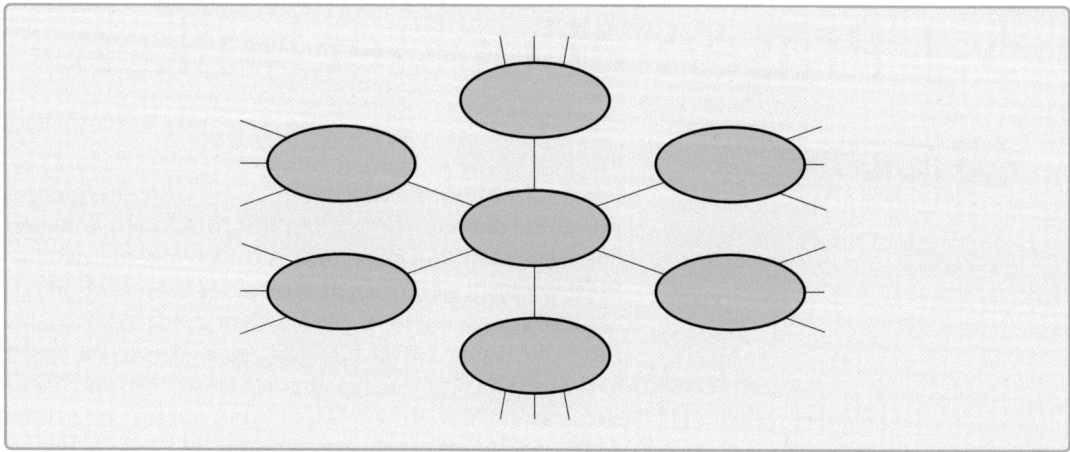

Netzdiagramme verdeutlichen die Beziehungen zwischen den Elementen eines Systems.

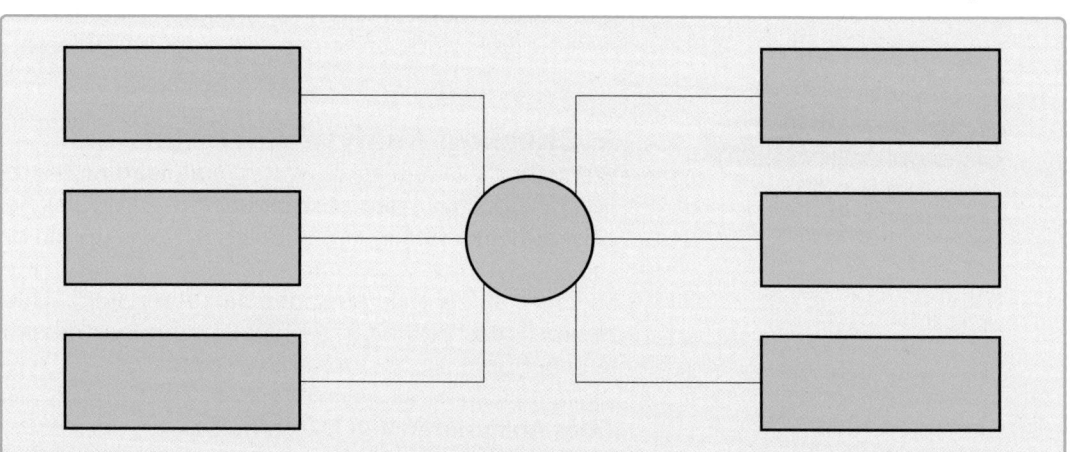

Zweigdiagramme veranschaulichen Systeme, stellen hierarichische Beziehungen dar, helfen, Organisationen zu planen.

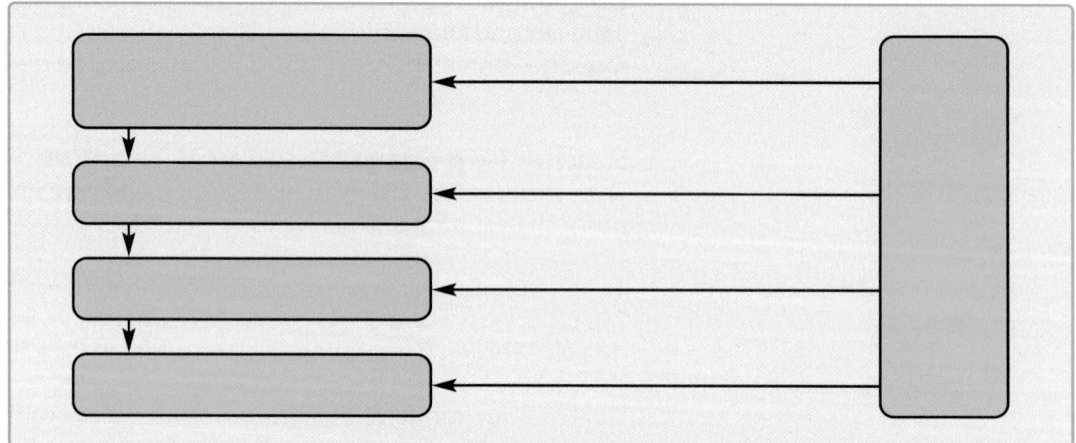

Flussdiagramme sind flexible Möglichkeiten, Strukturen darzustellen. Sie helfen, Arbeit zu planen, eine Handlung darzustellen, Ereignisse in ihrer zeitlichen Abfolge abzubilden.

3. Meine persönliche Präsentation

Wie du deine Arbeit präsentierst, hängt von vielen verschiedenen Faktoren ab:

■ **von der Arbeit selbst**
Ein Projekt über den Nationalsozialismus kannst du schlecht als Slapstick präsentieren, ein Projekt zum Thema „Mobilität" schon.

■ **von deinen eigenen Fähigkeiten und Qualitäten**
Wenn du gut erzählen kannst, wird deine Präsentation anders aussehen als wenn du etwas besonders gut grafisch darstellen kannst.

■ **vom Zweck der Arbeit**
Ein Referat wird anders aussehen als das Ergebnis einer Projektwoche, eine Projektarbeit anders als eine chemische Untersuchung.

■ **von der verfügbaren Zeit**
Ein Kurzreferat bietet sicher weniger Möglichkeiten zur Gestaltung als eine längere Präsentation.

Nutze deine Begabungen

Jeder Mensch hat andere Stärken. Wähle die Präsentationsform, mit der du dich am wohlsten fühlst, die deinen Fähigkeiten am ehesten entspricht.
Deine Fähigkeiten und deine spezielle Art zu Lernen hast du bereits in Kapitel 2.1 „Jeder ist intelligent" und 2.2 „Welcher Lerntyp bin ich?" kennen gelernt.
Die dort vorgestellten sieben Formen der Intelligenz bilden auch ein Muster für deine Begabungen, etwas auf die eine oder andere Art zu präsentieren.
Prüfe, ob du eine der folgenden Fähigkeiten hast. Frage zur Sicherheit auch deine Eltern, einen guten Freund oder deinen Lehrer, wie sie dich einschätzen. Die Meinung anderer kann deine Selbstwahrnehmung bereichern, wenn du offen dafür bist.

■ **Test: Meine Stärken und Schwächen**

1. Ich komme gut mit Zahlen und Daten klar. Mathe und Naturwissenschaften liegen mir.
Tipp: Konstruiere ein Modell, entwickle ein neues Verfahren, denke dir eine Formel aus, gestalte eine Statistik ...

2. Sprache macht mir Spaß. Lesen, schreiben, reden fällt mir leicht.
Tipp: Schreibe eine Sitcom, ein Gedicht, halte eine flammende Rede ...

3. Meine Stärke sind die Bilder. Ich male gerne und kann gut beobachten.
Tipp: Gestalte eine Bildergeschichte, eine Webpage, eine Collage ...

4. Ich grüble und hinterfrage viel. Bei mir spielen sich ganze Weltentwürfe im Kopf ab.
Tipp: Schreibe einen philosophischen Diskurs, entwickle eine Nachrichtensendung, gestalte ein großes Rätsel ...

5. Ich höre gerne Musik, ich kann mir gut Tonfolgen merken, ich könnte dauernd singen.
Tipp: Überlege dir einen Rap-Song, ein Musical, ein Kabarett ...

6. Bei mir steckt der Rhythmus im Körper, ich könnte dauernd tanzen.
Sport macht mir Spaß.
Tipp: Erfinde einen Tanz, eine Zirkusnummer, einen Wettkampf ...

7. Ich arbeite am liebsten mit anderen, in Gruppen laufe ich zur Höchstform auf.
Tipp: Gestalte eine Diskussionsrunde, ein gemeinsames Lied, einen Sketch ...

Übung: „Verrückte Präsentation"

Ein Thema erarbeiten, die Ergebnisse runterschreiben und zuletzt vorlesen – das ist die gängigste Präsentationsform, nach wie vor. Und vermutlich die langweiligste, weil es eine große Kunst ist, auch das spannend zu gestalten. Tipps dafür und für einige andere Standardpräsentationen findet ihr im folgenden Kapitel 5.2 "Präsentationsformen". Hier sollt ihr aber jetzt mal eurer Fantasie freien Lauf lassen und völlig verrückte, aber mögliche Präsentationstechniken zusammenspinnen.

SO GEHT ES:

1. Findet euch in Vierergruppen zusammen. Nehmt zum Beispiel euer letztes Projektthema oder das Thema der letzten Unterrichtsreihe in Politik, Geschichte, Erdkunde.

2. Sammelt jetzt Ideen, wie ihr eure Arbeit zum Thema hättet präsentieren können, egal wie euer Lehrer darüber denkt ... Fangt bei nahe liegenden Lösungen wie dem Gestalten einer Zeitung an. Werdet dann immer mutiger: ein Geschichtsthema, das als „Dokumentation" eines sensationellen neuen Fundes präsentiert wird, ein Politikthema, das als „Brennpunkt"-Sendung aufbereitet ist ...

3. Stellt eure Liste der Präsentationstechniken so zusammen, dass jeder zuerst einmal seine Ideen frei äußern kann. Schreibt die Ideen unkommentiert auf. Nehmt euch dafür 10 Minuten Zeit.

4. Geht in einem zweiten Durchgang alle Ideen noch einmal durch, prüft und bewertet sie. Wenn alle einverstanden sind, wird die Idee auf eine Karteikarte geschrieben, gegebenenfalls mit einer kurzen Erläuterung und Tipps für die Anwendung, z.B. für welches Fach sie besonders gut geeignet ist. Dafür braucht ihr 15 - 20 Minuten.

5. Jede Gruppe bringt ihre Ideen in das Plenum der Klasse ein. Alle Vorschläge werden vorgestellt. Gleich lautende Vorschläge werden herausgenommen. So entsteht aus eurer Sammlung „verrückter Präsentationstechniken" zusammen mit der ganzen Klasse ein „Katalog der Präsentationen", aus dem alle sich in Zukunft bedienen können.

4. Check-up Präsentationstechniken

Ein Geheimnis für eine spannende Präsentation, die euch in der Vorbereitung Spaß macht und sowohl den Lehrer als auch eure Mitschüler fasziniert, liegt darin, einen neuen, ungewohnten Rahmen für das Thema zu kreieren. So entstehen Geschichten, und Geschichten sind das beste und spannendste Mittel, die Aufmerksamkeit von Menschen zu binden.

Ihr habt dabei zwei Möglichkeiten:

- Der Rahmen entspricht dem Thema, wie z.B. eine fiktive Ausgrabung dem Thema „Das Weltbild in der Antike".

- Der Rahmen kontrastiert das Thema bewusst , indem ihr z.B. das selbe Geschichtsthema mittels eines Rap-Songs aufbereitet.

■ Anregungen soll euch neben eurer eigenen Sammlung auch die folgende, von euch beliebig zu ergänzende und mitnichten vollständige Sammlung geben:

mündliche Präsentation
- Vortrag
- Interview
- Talkshow
- Song
- Debatte
- Telefonat
- ...

schriftliche Präsentation
- Kritik
- Aufsatz
- Zeitungsartikel
- Drehbuch
- Märchen
- Tagebuch
- Fragebogen
- Pamphlet/Manifest
- Gedicht
- Flugblatt
- Dokument
- ...

bildliche Präsentation
- Fotoroman
- Skulptur
- Comic
- Wandmalerei
- Kostüme
- Masken
- Tanz
- Übersichtsplan
- Kunstwerk
- ...

mündlich-bildliche Präsentation
- Video
- Improvisationstheater
- Diashow
- Ausstellungsführung
- Modenshow
- ...

mündlich-schriftliche Präsentation
- Hörspiel
- Radiosendung
- Lesung
- ...

schriftlich-bildliche Präsentation
- Diagramme, Grafiken
- Poster
- Broschüren
- Illustrierte
- Anzeige
- Web-Page
- Computerspiel
- Album
- ...

schriftlich-mündlich-bildliche Präsentation
- Theaterstück
- Videofilm
- Nachrichtensendung
- Multimediale CD-ROM
- Modernes Tanztheater
- Revue
- ...

5.2 Präsentationsformen

DARUM GEHT ES:

Den meisten bereiten schon „alltägliche" Dinge wie die Rede oder der Vortrag vor einer Gruppe von Menschen große Probleme. Diesen Umgang mit der Öffentlichkeit kann man lernen, dafür gibt es einfache Techniken. Wie ihr an Politikern und Sportlern seht, ist das nicht immer ganz so einfach. Statt Nullsätze abzusondern (Ja, äähhh, gute Frage ...) oder bloß arrogant zu wirken, besteht die Kunst darin, „natürlich" zu wirken.

In diesem Kapitel wollen wir euch für die gängigen Präsentationsformen wie die mündliche Präsentation und das Podiumsgespräch ein paar Hilfen geben, die zwar kein Rhetorikseminar ersetzen, aber für den Schulalltag wohl ausreichen werden.

A) Mündliche Präsentation

SO GEHT ES:

In vielen Situationen müssen Menschen etwas mündlich präsentieren; ihr kennt solche Situationen bestimmt auch aus der Schule: Ihr sollt eure Hausaufgaben vortragen oder ein Referat halten. Sicher habt ihr auch schon persönlich Erfahrungen mit Vortragssituationen. Dann wisst ihr, dass es manchmal sehr anstrengend sein kann, einen guten Vortrag zu halten. Viele Menschen geraten dabei unter Stress!

Check-up Vorbereitung

> Gute Vorträge müssen gut vorbereitet sein. Eine gute Vorbereitung hat viel mit einer sinnvollen Zeitplanung zu tun (siehe Kapitel 2.4). Versucht, unbedingt zu vermeiden, dass ihr gegen Ende der Vorbereitungszeit unter Druck kommt, weil die Zeitplanung nicht gestimmt hat. Macht euch einen genauen Ablaufplan der erforderlichen Arbeiten und des dafür nötigen Zeitaufwands, bevor ihr anfangt.

1. Macht euch das Thema eurer Präsentation klar. Wichtig ist, dass ihr genau verstanden habt, worüber ihr reden sollt.

2. Beschafft euch Informationen zum Thema (siehe Kapitel 4).

3. Ordnet die Informationen (siehe Kapitel 4 und 5.1).

4. Legt euch Karteikärtchen im Format A 7 an. Beschriftet sie einseitig mit den wichtigsten Stichpunkten eures Vortrags. Schreibt nicht zu viel auf eine Karte! Benutzt farbige Stifte, um Kernpunkte hervorzuheben. Die Kärtchen müssen der Gliederung eures Vortrags entsprechen.

5. Haltet den Vortrag möglichst frei. Wenn ihr ihn von einem Blatt ablest, werden eure Zuhörer wegschlafen, weil nichts langweili -

ger ist, als das heruntergeleierte Ablesen eines Textes, sei das Thema auch noch so spannend. Schaut ihr aber die Leute an, bindet ihr sie an euch. Spannend erzählt kann selbst der nichtigste Vortrag fesseln. Auch eure Lehrer sind davor nicht gefeit! So könnt ihr inhaltliche Schwächen ausbügeln.

6. Scheut euch aber nicht, zwischendurch auf die Karteikarten zu schauen und euch zu orientieren, was als Nächstes kommt. Das machen auch große Fernsehmoderatoren. Günter Jauch wäre ohne seine Karteikarten ebenso aufgeschmissen wie Sabine Christiansen.

7. Die meisten Redner haben Lampenfieber: Sie werden immer nervöser, wenn der Zeitpunkt des Vortrags näher kommt. Ihr könnt das vermeiden: Lernt, euch aktiv zu entspannen! (siehe Kapitel 2.7)

Check-up: Aufbau eines Vortrags

> Es empfiehlt sich, Vorträge nach einem bestimmten Schema aufzubauen. Das bekannte Muster Einleitung, Hauptteil, Schluss wird durch spezifische Bestandteile eines Vortrags variiert.

1. Einleitung

■ **Begrüßung ➤ direkte Anrede**
Sprich deine Zuhörer direkt an.
Also: „Liebe Mitschülerinnen und Mitschüler …"

■ **Human touch ➤ Wecken des Wir-Gefühls**
Stelle rasch einen positiven Kontakt zu deinen Zuhörern her. Das kannst du auf verschiedene Weise tun:
- **durch Erzählen einer Geschichte (aktuell; historisch)**
Erzähle eine aktuelle Geschichte oder berichte über ein vergangenes Ereignis. Die Geschichten müssen nicht unbedingt direkt etwas mit dem Thema deines Vortrags zu tun haben. Allerdings solltest am Ende der Geschichte auf das Thema kommen.
- **durch das Stellen einer Frage (direkt; rhetorisch)**
Statt mit einer Geschichte kannst du die Zuhörer auch direkt fragen oder mit einer rhetorischen Frage in das Geschehen ziehen: „Findet ihr nicht auch, …?"
- **durch ein Zitat; Sprichwort etc.**
Sprichworte oder Zitate haben immer einen besonderen Aufmerksamkeitswert, da sie in jedem Zuhörer Assoziationen wecken – ein guter Weg, um Kontakt zum Zuhörer herzustellen.
- **durch eine These; Behauptung etc.**
Thesen und Behauptungen reizen dazu, sie entweder zu befürworten oder abzulehnen. Beides weckt in jedem Falle das Interesse der Zuhörer, ihre eigene Einschätzung bestätigt oder widerlegt zu sehen.

■ **Themenstellung ➤ Relevanz**
Gleichgültig, auf welche Weise du das Wir-Gefühl erzeugst: Du musst durch den Einstieg immer auf das Thema zusteuern und es dann auch ausdrücklich nennen.

• Vorschau auf den Inhalt
Gib anschließend eine inhaltliche Übersicht über das, was du erzählen willst, sozusagen das Inhaltsverzeichnis. Es sollte möglichst ausführlich sein, andererseits muss seine Länge in einem vernünftigen Verhältnis zu der Länge des Vortrags selbst stehen.

• Nennen zentraler Aspekte
Vielleicht stellst du noch Aspekte deines Vortrags heraus, die dir besonders wichtig sind. Die Zuhörer werden genauer auf diese Punkte achten, wenn sie sie schon am Anfang kennen.

2. Hauptteil

■ **Darstellung ➤ Ausführung**
Dies ist der eigentliche Vortrag, den du vorbereitet hast.

• Rückgriff auf die Übersicht
Beziehe dich immer wieder auf die inhaltliche Übersicht, die du in der Einleitung gegeben hast. So stellst du eine Verbindung her, die die Zuhörer gut nachvollziehen können.

• Zielstrebige Argumentation
Bleibe bei der Sache; schweife nicht vom Thema ab. Eine zielstrebige Argumentation kommt immer gut an. Rede sicher, mit Pausen, schaue die Zuhörer an. Über Sprache und Körpersprache erfährst du mehr ab Seite 143.

3. Schluss

■ **Abrundung ➤ Appell**
Dem Ende des Vortrags kommt eine besondere Bedeutung zu, da das Ende immer am stärksten in Erinnerung bleibt. Mancher gute Vortrag wurde durch ein misslungenes Ende noch vergeigt und mancher schlechte Vortrag durch ein gutes Ende noch abgefedert.

• Zusammenfassung
Fasse die wesentlichen Gedanken deiner Rede noch einmal zusammen! Keine Angst vor der Wiederholung! Die Zuhörer werden es dir danken.

• Ausblick
Natürlich kannst du am Ende auch einen Ausblick geben: Was wird sich in Bezug auf das Thema wann wie weiter entwickeln?

• Aufforderung
Du kannst deine Zuhörer auch zum Handeln auffordern oder sie zumindest zum Nachdenken bringen.

Übung: 1 Nonsense-Vortrag

■ Wähle eines der drei folgenden Themen für einen Vortrag.
  • „Der Maikäferflug über dem Himalaja"
  • „Das Zahnpastaproblem bei Goldfischen"
  • „Der Telefonhörer in Sahnesoße"

■ Du merkst es schon: Hier ist deine Fantasie gefragt. Mache zunächst ein Brainstorming zu dem Thema (siehe Kapitel 4.1), das du ausgesucht hast. Notiere alles, was dir dazu einfällt.

■ Ordne die Informationen jetzt in einer Mind Map® (siehe Seite 80).

■ Schreibe eine Einleitung zu deinem Vortrag.
  Nutze die beiden Varianten:
  • Zitat, Sprichwort
  • Frage

■ Sieh dir deine Mind Map® noch einmal an.
  Mache dir daraufhin auf Karteikarten (DIN A 7) Notizen für deinen Vortrag.

■ Übe deinen Vortrag. Beginne mit der Einleitung, die du oben aufgeschrieben hast, und benutze dann die Notizen auf den Karteikarten. Stelle dich zum Üben vor einen Spiegel und beobachte, wie du wirkst.

Übung 2: Einleitungen gestalten

Die folgende Aufgaben sollt ihr in der Gruppe lösen und dann mit den Ergebnisse vergleichen, die in anderen Gruppen entstanden sind.
Bildet zunächst mehrere gleich starke Gruppen (A, B, C ...).

■ Jedes Gruppenmitglied bekommt ein Karteikärtchen DIN A 7.

■ Jeder schreibt auf seine Karteikarte ein (ernsthaftes) Thema, das folgende Bedingungen erfüllt: Der Schreiber selbst muss über das Thema Bescheid wissen; das Thema muss ihn interessieren und er muss das Gefühl haben, dass das Thema auch andere interessieren könnte.

■ Die Karten werden verdeckt eingesammelt und mit den Karten einer anderen Gruppe getauscht.

■ In jeder Gruppe werden die „neuen" Karten an die Teilnehmer verteilt.

■ Jetzt hat jedes Gruppenmitglied die Aufgabe, zu dem erhaltenen Thema eine Einleitung zu schreiben.

■ Die Einleitungen werden anschließend vorgetragen.

■ Die Zuhörer beurteilen, wie gut die Einleitung gelungen ist.
  Wieviel human touch konnte der Redner vermitteln?

Varianten:

■ Jedes Gruppenmitglied bearbeitet sein Thema! Jetzt kann jeder beweisen, wie viel Interesse er an seinem eigenen Thema hat und wie viel von dieser Begeisterung er vermitteln kann.

■ Bearbeitet in der gesamten Gruppe nur ein Thema. Ein Gruppenmitglied trägt anschließend vor!

Check-up: Sprache und Ausdruck

Ein gesprochener Text, eine Rede, muss andere Bedingungen erfüllen als ein geschriebener Text. Die Zuhörer müssen das Gesagte schnell verstehen, und sie müssen möglichst viel verstehen, sonst werden sie unruhig und sind irritiert. Daher muss deine Sprache so gewählt sein, dass sie beim Zuhörer rasch ein Verständnis vom Inhalt deines Vortrags er möglicht.

SO GEHT ES:

■ Verzichte darauf, deinen Vortrag auszuformulieren und den Text einfach abzulesen. Die meisten Redner lesen dann viel zu schnell und überfordern ihre Zuhörer. Außerdem sind viele geschriebene Sätze viel zu kompliziert gebaut, als dass man sie als Zuhörer ohne weiteres verdauen könnte.

■ Arbeite mit Stichwortzetteln, auf denen du nur so viele Notizen machst, wie nötig sind, um fließend deinen Text frei vortragen zu können. Der freie Vortrag hat Vorteile für die Zuhörer: Dein Redetempo wird durch den freien Vortrag im Vergleich mit einem vorgelesenen Text etwas gebremst, so dass deine Zuhörer dir besser folgen können. Außerdem wirkst du persönlicher, wenn du frei vorträgst. Die Sprache ist nicht wie beim Ablesen gedrechselte Schriftsprache, sondern es ist deine eigene Sprache mit ihren individuellen Eigenheiten. Du kannst so eine viel bessere Atmosphäre erzeugen.

■ Achte beim Reden auf folgende formale Regeln:
  • Verwende kurze Sätze und konstruiere sie korrekt.
  • Benutze möglichst viele Hauptsätze.
  • Satzgefüge sollten aus einem Hauptsatz und höchstens einem Nebensatz bestehen. Der Hauptsatz enthält die wichtigen Informationen. Der Nebensatz wird angehängt.
  • Vermeide Füllwörter.
  • Benutze das kürzere Wort, wenn du zwei gleichbedeutende Ausdrücke zur Verfügung hast.
  • Beschreibe möglichst präzise; verwende Adjektive, die passen.

Wichtige Tipps: Eine Rede kann langweilig sein, auch wenn du diese Regeln beachtest. Spannend und abwechslungsreich wird ein Vortrag durch deine Aussprache, durch den Ausdruck, den du dem gesprochenen Wort gibst.

a) Aussprache

Achte darauf, dass du deutlich sprichst.
Viele Redner verschlucken beim Sprechen Teile von Wörtern. Besonders gefährdet sind hier Endsilben und Endkonsonanten. Es macht sich nicht gut, wenn du statt „nicht" stets „nich"; statt „nein" „ne" oder statt „geben" „gebm" sagst.

b) Fülllaute und Pausen

Beim Reden brauchst du Zeit zum Nachdenken; erst nach dem Denken solltest du reden. Manche Redner füllen die dabei anfallenden Pausen mit Lauten, die keinen Sinn haben: „äh", „hm" und „öh" sind Beispiele dafür. Vermeide solche Fülllaute; sie stören beim Zuhören und vermitteln den Eindruck, dass der Redner unsicher ist.
Dagegen sind bewusst gesetzte Pausen ein Stilmittel, das deinen Vortrag attraktiver macht. Allerdings haben viele ungeübte Redner Schwierigkeiten, Pausen zu nutzen. Sie fühlen sich während der Pause unsicher, selbst wenn sie nur fünf Sekunden dauert. Du wirst leichter Pausen in deinen Vortrag einplanen, wenn du deine Rede gliederst. Beginne neue Gliederungspunkte mit gezielt gesetzten Pausen.

c) Betonung

Durch die Betonung bekommt dein Vortrag die nötige Würze.
Du kannst einen gesprochenen Text auf verschiedene Weise betonen:

- Lautstärke ➤ Man kann einzelne Wörter, Ausrücke oder auch ganze Sätze lauter sprechen als die Textumgebung.
- Stimmlage ➤ Du kannst deine Stimmlage variieren, indem du ein Wort hoch oder tief aussprichst, ähnlich wie du es von der Klangeinstellung beim Autoradio her kennst.
- Sprechtempo ➤ Eine besondere Note erhält dein Vortrag, wenn du manche Passagen schneller sprichst als andere. Natürlich muss das an den Inhalt angepasst sein und der Zuhörer darf nicht überfordert werden.

d) Atmung

Falsches Atmen während des Redens wird dich belasten und die Zuhörer stören, soweit man dein Atmen auch noch hören kann. So atmest du richtig:
- Grundregel: Zu Beginn eines Satzes nicht zu tief einatmen, am Ende des Satzes den Rest der Luft ausatmen.
- Atme bei einem Satzgefüge zusätzlich nach einem Komma oder Semikolon, falls du den gesamten Satz nicht mit einem Atemzug „schaffst".
- Du brauchst bei längeren Sätzen noch mehr Atemzüge? Dann atme zusätzlich nach geschlossenen Ausdrücken, z. B. nach adverbialen Bestimmungen.

Übung 1: Betonungen

Lies den folgenden Satz laut vor. Beachte dabei diese Anweisungen
a) Lies die kursiv gesetzten Wörter lauter.
b) Sprich die kursiv gesetzten Wörter leiser.
c) Lies die kursiv gesetzten Wörter höher
d) Sprich die kursiv gesetzten Wörter tiefer.

Dieses Seminar wird bestimmt interessant!

Dieses *Seminar* wird bestimmt interessant!

Dieses Seminar wird bestimmt interessant!

Dieses Seminar wird *bestimmt* interessant!

Dieses Seminar wird bestimmt *interessant!*

Dieses Seminar wird *bestimmt interessant!*

Dieses Seminar wird bestimmt *interessant!*

Übung 2: Atemtest

Lies den folgenden Satz: **Im Atemholen sind zweierlei Gnaden:**
Die Luft einziehen, sich ihrer entladen.
Jenes bedrängt, dieses erfrischt;
So wunderbar ist das Leben gemischt.
Du, danke Gott, wenn er dich presst,
Und dank ihm, wenn er dich wieder entlässt.
(Goethe)

Auswertung:
Du bist gut, wenn du es mit einem Atemzug schaffst, ohne dabei tief einzuatmen.
Du brauchst mehr als einen Atemzug? Dann solltest du an diesem Satz deine Atemtechnik üben. Und Achtung: Alles ist erst dann ok, wenn du beim Lesen an den Satzzeichen auch noch eine Pause einlegen kannst und doch nur einen Atemzug benötigst.
Wenn du es nicht schaffst, versuche am Ende jeder zweiten Zeile flach einzuatmen.

Übung 3: Sprechtempo und Pausen

Stelle dich hin und lies den folgenden Text laut vor. Sprich die fett gedruckten Textteile schneller bzw. langsamer als die übrigen und mache dort mindestens drei Sekunden Pause, wo das Wort „Pause" fett in den Text eingefügt ist. Wiederhole die Prodezur, bis du den Text sicher lesen kannst. Würdest du andere Pausen setzen? Wähle dann andere Passagen, bei denen du dein Sprechtempo veränderst oder Pausen setzt.

Störquelle Arbeitsplatz

Beginnen wir mit der Umgebung des Arbeitsplatzes. Ganz offensichtlich ist es für Menschen, die Arbeiten verrichten, **die stark die sinnliche Wahrnehmung, das Gedächtnis und/oder das logisch-analytische Denken beanspruchen,** sehr konzentrationsschädlich, wenn sich der Arbeitsplatz in der Nähe eines Fensters befindet, das den Blick auf eine verkehrsreiche Straße freigibt. **(Pause)** Die Masse der ablenkenden Reize ist ein ständiger Störfaktor.
Für Menschen, die mehr im kreativen Bereich arbeiten, wirkt jedoch ein gewisses Maß an Umweltreizen oft eher anregend. **(Pause)**
Auch die Farbgestaltung der Wände und Einrichtungsgegenstände spielt in diesem Zusammenhang eine beachtliche Rolle. So hat die Farbe Rot eine aufreizende, erregungssteigernde Wirkung auf das Organsystem und eine alarmierende, oft angsterzeugende Wirkung auf die Psyche. Orange wirkt erregend und anspornend, **Eisblau und Grün dagegen beruhigend und ausgleichend, (Pause)** Ultramarin zurückhaltend und Grünblau entspannend.
Nicht gerade konzentrationsfördernd sind zu viele und zu unruhige Bilder an den Wänden. **Sie ziehen die Aufmerksamkeit auf andere Bereiche und zersplittern so die Konzentration. (Pause)**
Der Arbeitsplatz selbst sollte ausreichend groß sein, damit das Arbeitsstück übersichtlich aufgelegt werden kann. Er sollte so gestaltet sein, dass die erforderlichen Utensilien einen festen Platz in Griffnähe haben, **(Pause)** dass Ordnung gehalten werden kann, **und nicht durch ärgerliches Suchen die Konzentration auf die eigentliche Sache verlorengeht.**
Indirekt spielt auch die Sitzhöhe eine Rolle, um ein vorzeitiges Ermüden, das sich umgehend negativ auf die seelisch-geistige Verfassung auswirkt, zu vermeiden. Die Sitzhöhe sollte so sein, dass die Oberschenkel voll auf der Sitzfläche aufliegen **und dabei die Füße flach auf dem Boden stehen können.**
Sehr wichtig ist **(Pause)** die richtige Beleuchtung des Arbeitsplatzes. Es ist schlecht, wenn das Licht von schräg vorne oder senkrecht auf das Arbeitsobjekt fällt; so blendet es, schädigt das Auge und **(Pause)** vermindert die Sehleistung. **Das Licht sollte von hinten über die linke Schulter auf den zu bearbeitenden Gegenstand fallen.**

Text aus: E. Ott: Das Konzentrationsprogramm.
        Rowohlt. Reinbek 1981. 34 f.

Übung 4: Formale Sprachregeln

Nimm an, der folgende Text wäre ein Redetext. Überprüfe, inwieweit er den formalen Grundregeln entspricht, die wir zu Beginn des Abschnitts vorgestellt haben. Ändere den Text überall dort ab, wo er den Regeln nicht genügt.

Ursachen, die mehr beim Sender liegen

Beginnen wir mit dem Sender. Er ist dann die Ursache für Konzentrationsmangel, wenn er nicht in der Lage ist, den Stoff packend vorzutragen und es ihm nicht gelingt, das Interesse der Empfänger zu wecken und wachzuhalten und so ihre Aufmerksamkeit auf den Gegenstand zu ziehen.
Indirekt liegt eine konzentrationsmindernde Wirkung auch in der Tatsache, dass der Sender nicht, zu spät oder falsch verstärkt. Dies liegt z.B. vor, wenn ein Vorgesetzter

einem Mitarbeiter verschweigt, was er richtig und was er falsch macht, ihn also im Ungewissen über seine Leistung lässt. Wenn ein Lehrer zu spät verstärkt, eine Klassenarbeit erst dann wieder zurückgibt, wenn der Schüler am Ergebnis schon nicht mehr interessiert ist, weil längst andere Probleme behandelt werden. Ebenfalls wirkungslos wird eine Verstärkung, wenn sie phrasenhaft wiederholt wird und infolgedessen vom Empfänger nicht mehr angenommen wird.

Sender, die nicht oder nicht richtig verstärken, vergeben eine wichtige Gelegenheit, die Empfänger zu motivieren, sie zu lustvoller, konzentrierter Verrichtung ihrer Aufgabe zu animieren.

Konzentrationsschädigend wirkt sich auch eine zu hohe Leistungserwartung gegenüber dem Empfänger aus. Ein Beispiel hierfür sind Lehrer, die zu hohe Anforderungen an die Schüler stellen und sie mit Nörgeleien und demütigenden Bemerkungen bedenken.

Ähnliche negative Auswirkungen hat eine zu geringe Leistungserwartung. Den Schülern wird nichts zugetraut, sie werden zu wenig gefordert. Sie werden nicht für voll genommen, oder den Mitarbeitern wird keine Verantwortung übertragen, sie erhalten nur Arbeit und keine Aufgabe. So versiegen Interesse und konzentrierte Zuwendung.

Auch Sender, die nicht die richtige Einstellung zu den Empfängern finden, sind Quellen für mangelnde Konzentration. Da ist der Lehrer zu erwähnen, dem es nicht gelingt, als Bezugsperson anerkannt zu werden und über die Köpfe der Schüler hinwegspricht, der vortragende, der keine Atmosphäre zu schaffen weiß und der kühle Vorgesetzte, der die persönliche Zuwendung zu seinen Mitarbeitern vermissen lässt.

Text aus: E. Ott: Das Konzentrationsprogramm.
Rowohlt. Reinbek 1981. 28 f.

Übung 5: Der richtige Wortschatz

Natürlich brauchst du für deine Vorträge einen möglichst großen Wortschatz, den du aktiv einsetzen kannst. Mit den folgenden Wortschatz-Übungen kannst du trainieren, rasch das passende Wort oder die passende Idee zu finden.

Diese Übungen könnt ihr auch als Wettbewerb gestalten. Bildet dazu Gruppen mit vier Personen. Jede Gruppe muss alle vier Übungen erledigen, dabei erhält jedes Gruppenmitglied eine der vier Übungen und muss sie allein bewältigen. Die Zeit wird gestoppt, wenn alle Gruppenmitglieder mit ihrer jeweiligen Aufgabe fertig sind.

Welche Gruppe ist am schnellsten? Welche Gruppe hat die originellsten Antworten? Welche die meisten?

■ Aufgabe 1

Beschreibe a) einen Kugelschreiber und b) deine Schultasche mit jeweils mindestens 15 wirklich passenden Adjektiven.

Kugelschreiber	Schultasche
1.	1.
2.	2.
3.	3.

4.	4.
5.	5.
6.	6.
7.	7.
8.	8.
9.	9.
10.	10.
11.	11.
12.	12.
13.	13.
14.	14.
15.	15.

■ **Aufgabe 2**
Erkläre die folgenden Begriffe mit möglichst wenigen Worten, aber in ganzen Sätzen.

➤ **Müllabfuhr**

➤ **Bäcker**

_____

_____

_____

➤ **Englischunterricht**

_____

_____

_____

■ **Aufgabe 3**

Was kann man mit den folgenden Gegenständen tun? Denke auch an ungewöhnliche Aktivitäten. Finde für jeden Gegenstand mindestens 10 Aktionen.

Computer	Handtuch	Lesebuch
1.	1.	1.
2.	2.	2.
3.	3.	3.
5.	5.	5.
6.	6.	6.
7.	7.	7.
8.	8.	8.
9.	9.	9.
10.	10.	10.

11.	11.	11.
12.	12.	12.
13.	13.	13.
14.	14.	14.

■ Aufgabe 4

A. Bilde einen Satz mit 6 Wörtern, dessen Wörter mit folgenden Buchstaben beginnen:

O	
S	
R	
A	
V	
T	

B. Bilde einen Satz mit 6 Wörtern, dessen Wörter mit folgenden Buchstaben enden:

N	
S	
R	
T	
N	
H	

Check-up: Körpersprache

Aufbau, Text und Sprache sind von großer Bedeutung für die Qualität eines Vortrags. Für die Wirkung einer Rede aber mindestens ebenso wichtig ist die Körpersprache. Wissenschaftler schätzen, dass die Körpersprache sogar wichtiger ist als das, was ein Mensch tatsächlich sagt. Bis zu 80 % einer Kommunikation werden von nonverbalen Informationen bestimmt. Und ein Mensch glaubt eher der körpersprachlichen Botschaft, wenn das gesprochene Wort mit der nonverbalen Informationen nicht übereinstimmt. Bei einem Vortrag macht es also Sinn, auf Körpersprache zu achten.

DARAUF SOLLTEST DU ACHTEN:

■ Standpunkt ➤ ein überzeugender Standpunkt hat oft etwas mit einem sicheren Stand im Raum zu tun. Stehe mit beiden Beinen nebeneinander auf dem Boden, wenn du redest. Halte die Knie fest durchgedrückt. Winkle die Unterarme an, so hast du die meiste Bewegungsfreiheit für die Gestik.

■ Blickkontakt ➤ Die Zuhörer müssen sich angeschaut fühlen, während du redest. Blicke hin und wieder in die Runde, streife mit deinem Blick kurz die Augen einzelner Zuhörer. Schaue dabei nicht auf die Nasenwurzel, dies irritiert, sieh dem Betreffenden lieber in das linke Auge.

■ Mimik ➤ Mit dem Gesichtsausdruck kannst du besonders viel bewirken – oder auch nicht. Deine Augen sollten beim Vortragen glänzen, schließlich hast du etwas Wichtiges zu sagen, das dich auch persönlich angeht. Ein Lächeln auf den Lippen kann niemals schaden. Aber Achtung! Ein überzogenes Dauergrinsen ist hier nicht gefragt.

■ Gestik ➤ Ein bewusster Einsatz von Gesten unterstreicht das, was du sagst. Schlaffes Herunterhängen der Arme lässt auch deinen Vortrag schlapp wirken. Aber: Sei mit den Gesten zurückhaltend; sie verlieren schnell ihre Wirkung, wenn du deinen Vortrag zum Gymnastikkurs machst. Und noch etwas: Vermeide Verlegenheitsgesten! Also: Nicht ständig an der Nase oder am Ohr kratzen, mit dem Kugelschreiber spielen oder in den Haaren zupfen. Diese Gesten mögen vielleicht dich beruhigen; deinen Zuhörern signalisieren sie aber auch deine Unsicherheit.

Übung 1: Spiegelbild

Trainiere deine Körpersprache zu Hause vor dem Spiegel. Halte dazu ein Referat und verfeinere deine Körpersprache, indem du sie immer wieder durch den Blick in den Spiegel beobachtest und korrigierst. Dies wird dir vielleicht am Anfang etwas komisch vorkommen. Aber bald schon wirst du merken, wie deine Körpersprache sich verbessert. Ganz nebenbei wirst du so auch sicherer werden, frei vor einer Gruppe zu reden.

Meine Beobachtungen	Worauf ich beim nächsten Mal achten will...

TIPP:
Notiere deine Beobachtungen. Aufschreiben solltest du auch, was genau du beim nächsten Mal beachten und besser machen willst. Ein solcher Beobachtungsbogen könnte so aussehen, wie oben auf dieser Seite skizziert.

Übung 2: Körpersprache vor einer Gruppe

Es ist sicher nicht einfach, aber in jedem Fall hilfreich, wenn du dir in Bezug auf deine Körpersprache von Zuhörern ein Feedback einholst. Nur so kommst du an Informationen, mit denen du dich weiter verbessern kannst.
Wenn du dich mit Freunden, denen du vertrauen kannst, zu einer Gruppe zusammenschließt, könnt ihr euch gegenseitig reflektieren und verbessern. Haltet dazu nacheinander ein Referat vor der Gruppe. Jeder Zuhörer erhält den folgenden Feedback-Bogen, den er während und nach deinem Vortrag ausfüllt. Anschließend redet ihr über die Beobachtungen der Zuhörer und überlegt euch mögliche Verbesserungen. Schau dir später alle Feedback-Bögen noch einmal in Ruhe an.

Aspekte	Was mir auffiel	Was du anders machen solltest
Blickkontakt		
Gestik		
Mimik Augen		
Mimik übriges Gesicht		
Stand		
Sonstiges		

B) Podiumsgespräch

DARUM GEHT ES:

Zu einem öffentlichen Podiumsgespräch wird eingeladen, wenn sich zu einem aktuellen Thema unterschiedliche Ansichten und Bewertungen ergeben. Etwa vier bis sechs Experten diskutieren auf dem Podium das vereinbarte Thema mit festgesetzter Zeitvorgabe. Unter der Leitung eines Moderators werden nach kurzen Erklärungen zum Thema (Kurzreferat, Statement) die Standpunkte vor den Zuhörern erörtert. Dann eröffnet man in einer Publikumsrunde eine allgemeine Aussprache, in der das Publikum auch Fragen an die Experten stellen kann.

In einem Podiumsgespräch werden so Argumente und Meinungen zu einem Thema nicht nur ausgetauscht, sondern Experten wie Zuhörer können ebenso ihre eigenen Einstellungen zum Problem überprüfen.

Auch für die Präsentation bestimmter im Unterricht erarbeiteter Themen ist eine gut vorbereitete Podiumsdiskussion ideal geeignet: kontroverse politische Themen, ethische Fragen, gesellschaftliche Fragestellungen ...

SO GEHT ES:

1. Erstellung von Rollenkarten

Bildet eine Vierergruppe. Gemäß einer vorab festgelegten „Expertenzahl" erarbeitet jede Gruppe eine Rollenkarte für ihren „Sachverständigen" und den von ihm zu vertretenden Standpunkt.

> Diese Rollenkarte enthält in Stichworten
> * Angaben zur Person,
> * Angaben zu deren Arbeits- und Erfahrungsbereich,
> * vorab festgelegte Argumente zum Problemfeld,
> * Vorgaben für die Einleitung der Podiumsrunde
>   (für ein Kurzreferat oder Statement).

■ Formuliert für jede Gruppe 3–5 Fragen auf einzelne Kärtchen, die während der Publikumsrunde an die „Sachverständigen" gestellt werden sollen. Mischt die Karten und verteilt sie an das Publikum.

2. Eröffnung der Podiumsrunde

Die Vertreter jeder Arbeitsgruppe, die die Rolle eines Sachverständigen übernommen haben, finden sich auf dem Podium ein. Ein Moderator eröffnet nach der Begrüßung des Publikums und der Vorstellung der Experten die Podiumsrunde.

3. Podiumsrunde

Der Reihe nach geben die Sachverständigen ihre Erklärungen zum Thema in Form eines Statements ab und diskutieren ihre Standpunkte vor den Zuhörern. Dabei orientieren sie sich an den zuvor erarbeiteten Rollenkarten. Die Sachverständigen sollen nicht zum Publikum, sondern zueinander sprechen und vor den Zuhörern verständlich bleiben.

4. Publikumsrunde

In der Publikumsrunde stellen die Teilnehmer aus dem Kreis der Zuhörer die vorbereiteten Fragen an die Sachverständigen. Es ist Sache des Moderators, dass sich in dieser Aussprache das Gespräch möglichst frei entwickeln kann, jedoch ein vereinbarter Rahmen eingehalten wird. Die Sprecher des Podiums sollen sich möglichst zurückhalten, wenn es nicht um weitere Informationen oder um die Klärung von Missverständnissen geht.

5. Auswertung der Podiumsdiskussion

Stellt euch folgende Fragen zur Auswertung der Podiumsrunde:

■ Sind die angestrebten Ziele (sicheres Wissen, fundierte Urteilsbildung) erreicht worden?

■ Wo haben sich Vorbereitung und Durchführung bewährt bzw. wo erscheint eine Verbesserung notwendig?

C) Hearing

DARUM GEHT ES:

Das Hearing ist eine öffentliche Anhörung und Befragung von Sachverständigen oder Vertretern von Verbänden. Hearings gibt es z. B. in Ausschüssen des Parlaments vor wichtigen Entscheidungen. In den USA wurden Hearings ab 1911 in die parlamentarische Arbeit einbezogen. Nach der Geschäftsordnung des Deutschen Bundestages haben auch dessen Ausschüsse die Möglichkeit zu Anhörungen.

DAS BRAUCHT IHR:

■ Schreibwerkzeug
■ Karteikarten
■ Videorecorder

SO GEHT ES:

Hier eine Checkliste für die Vorbereitung, Durchführung und Auswertung eines Hearings:

1. Vorbereitung

■ Thema festlegen, z.B.
  • Gewalt in der Erziehung
  • Sexuelle Gewalt gegen Kinder und Jugendliche
  • Schwarzfahren
  • Ladendiebstahl

■ Problemfragen zum Thema überlegen und auf Karteikarten notieren.

■ „Experten" festlegen.

■ „Experten"-Rolle vorbereiten, dazu Informationen beschaffen und notieren.

2. Durchführung

■ Sachverständige einzeln durch den Ausschuss befragen.

■ Zunächst die vorbereiten Fragen stellen.

■ Dann Nachfragen stellen.

■ Evtl. Rollen wechseln.

■ Abschlussbericht erstellen (➤ Protokoll).

D) Ausstellung

DARUM GEHT ES:

Eine Ausstellung kann verschiedenen Zwecken dienen:
• der Information und Werbung für technische, wirtschaftliche oder künstlerische Erzeugnisse
• der Dokumentation z.B. von geschichtlichen Epochen
• dem Stand der Planung von Projekten.

Darüber hinaus bieten Ausstellungen eine Möglichkeit des Vergleichs oder der kritischen Auseinandersetzung (z.B. bei Planungen von Umsiedlungen). Ausstellungen von besonderer Bedeutung sind Weltausstellungen wie die EXPO 200 in Hannover, bei denen insbesondere die wirtschaftlichen und kulturellen Entwicklungen der teilnehmenden Länder repräsentiert werden.

Die Präsentation von Arbeitsergebnissen in einer Ausstellung „in Wort und Bild" bietet sich ebenso auch für eure Klasse wie für eure Schule (im Pausenbereich oder wenn die Schule sich der Öffentlichkeit vorstellt) als Dokumentation eurer „Lern-Produkte" an. Im Grundsatz lassen sich in Ausstellungen eine Vielzahl von „Dokumentationen" einbringen: Projekt, Erkundung, Meinungsumfrage, Wahlprognose, Fallstudie etc.

DAS BRAUCHT IHR:

■ Schreibzeug
■ Plakate
■ Stellwände

SO GEHT ES:

■ Bildet Vierergruppen.

■ Sammelt Material zu eurem Thema
• Texte
• Bilder
• Dias
• Statistiken
• Objekte

▪ Ordnet das Material den Themenschwerpunkten zu.

▪ Entwickelt das „Design" der Ausstellung:
  • Welche Exponate sind wo ausgestellt?
  • Wie wird der Besucher durch die Ausstellung geführt?
  • Wie werden die Ausstellungsstücke präsentiert?

▪ Dokumentiert dabei auch Informationen über
  • die Auswahl des Themas,
  • die Planung und Durchführung des Projekts,
  • Erfahrungen mit dem Lerngegenstand.

▪ Erstellt einen Kurzfragebogen und ermittelt damit ein Meinungsbild der Ausstellungsbesucher.

5.3 Präsentationsmedien

DARUM GEHT ES:

Ein Bild sagt mehr als tausend Worte, sagt man.

Wer seine Sache klar, spannend und überzeugend darbringen will, muss das Handwerkszeug Visualisierung einsetzen. Wir nutzen bei der Wissensaufnahme nicht nur einen Kanal wie z.B. das Ohr, sondern wir lernen mit allen Sinnen. Nur 20 % dessen, was wir hören, behalten wir, aber wir erinnern 50 % von dem, was wir hören und gleichzeitig sehen. Wer etwas zu präsentieren hat, muss Sachverhalte und Argumente einleuchtend visualisieren. Die Aussagen müssen geschickt zueinander in Beziehung gesetzt werden, damit der Gedankengang von anderen gut erfasst und nachvollzogen werden kann. Gerade im Zusammenhang mit Vorträgen und mündlichen Präsentationen wird eine hohe Konzentration der Zuhörer gefordert. Die Kurve der Aufmerksamkeit nimmt aber rapide ab. Bereits nach 20 Minuten ist nur noch 50 % der Aufmerksamkeit wie zu Beginn vorhanden und nach 40 Minuten bricht sie vollends ab. Nicht zuletzt aus diesem Grund sind Schulstunden auf 45 Minuten begrenzt.

Optischen Darstellungen unterstützen den Vortrag, indem sie seinen Gedankengang sichtbar machen. Hierzu werden Instrumente der Visualisierung und Kompositionsregeln benötigt. Ein besonderes Erlebnis ist der Einsatz von PC-Präsentationen, bei dem ihr mit bewegten Bildern und Spezialeffekten besondere Dynamik in euren Vortrag bringt. Immer mehr Schulen und Schüler nehmen darüber hinaus Möglichkeiten zur Selbstdarstellung im Internet wahr.

SO GEHT ES:

Achtet bei medialen Präsentationen auf die folgenden Punkte:

- Lenkt die Konzentration auf das Wesentliche! Dadurch kann auch der Vortragende den roten Faden seines Vortrags erkennen

- Sprecht in Bildern! Schwierige Sachverhalte werden dadurch leichter vermittelbar.

- Stellt die Information so vor, dass sie für die Mitschüler zu einem Erlebnis werden!

- Verwendet nur Stichworte, die klar und verständlich sind.

- Plant in euren Vorträgen bewusst Wiederholungen ein. Ihr wirkt damit dem Vergessen entgegen!

- Regt die Mitschüler zu Fragen an. Durch Fragen steigert ihr die Rate des Erinnerns!

Was ihr sonst noch beachten solltet:

Für die Visualisierung sind der Phantasie keine Grenzen gesetzt. Bewährt haben sich jedoch einfache, klare und einprägsame Strukturelemente:

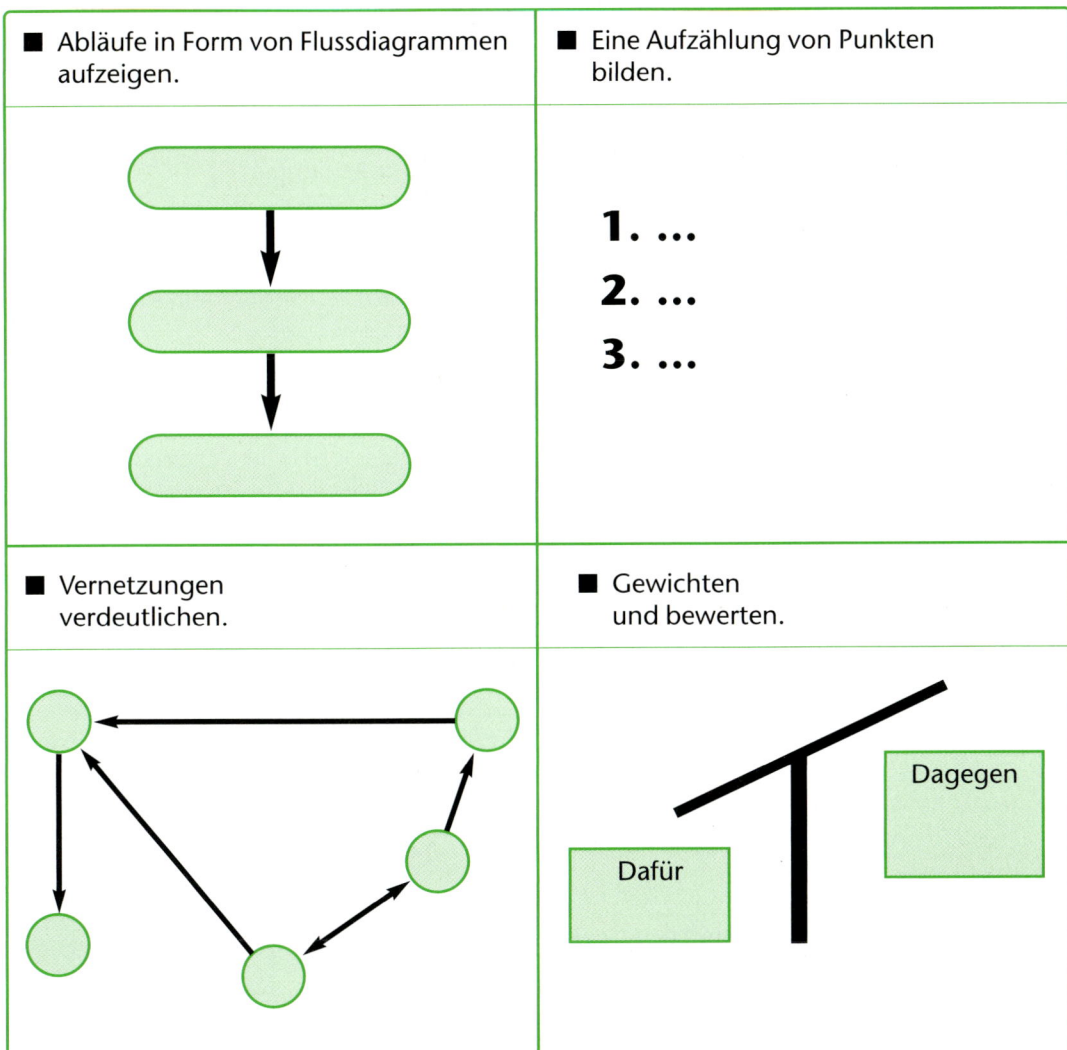

■ Abläufe in Form von Flussdiagrammen aufzeigen.

■ Eine Aufzählung von Punkten bilden.

1. ...

2. ...

3. ...

■ Vernetzungen verdeutlichen.

■ Gewichten und bewerten.

Dagegen

Dafür

Übung: Was wir behalten

Zur Unterstützung des bildhaft-intuitiven Denkens werden Grafiken eingesetzt, z.B. bei Referaten. Das kannst du gleich an einem Beispiel ausprobieren. Lies die folgenden Informationen:

Wie wir Informationen aufnehmen.

Der Mensch behält
- 10 % der Information, die er liest;
- 20 % der Information, die er hört;

- 30 % der Information, die er sieht;
- 50 % der Information, die gleichzeitig hört und sieht;
- 70 % der Information, die wir selber äußern;
- 90 % der Information, die wir in Handeln umsetzen.

■ Setze diese Informationen in eine bildhafte Darstellung um (5 Minuten).

■ Vergleicht eure Darstellungen in der Viereegruppe. Entscheidet euch für eine gemeinsame Form. Formuliert die Gründe für eure Entscheidung.

■ Präsentiert eure Darstellung im Plenum.

■ Weitere Tipps zur Verwendung von Diagrammen und Tabellen findet ihr in Kapitel 5.1.

Übung: Feedback

Wichtig ist es, sich zu seinem Vortrag immer wieder Feedback zu holen. Die nachfolgende Präsentationsanalyse könnt ihr von eurer Zuhörerschaft nach dem Ende des Vortrags ausfüllen lassen.

Kreuzt die Note an, die ihr für den Punkt vergeben werdet. Übertragt die Kreuze in die unten stehende Tabelle. Verbindet die Kreuze. Je mehr die Verbindungslinie nach rechts zeigt, desto mehr Bedarf zum Nachbessern besteht.

Fragen	1	2	3	4	5	6
1. Der Referent hatte eine klare und deutliche Aussprache.						
2. Die Lautstärke des Referenten war der Raumgröße angemessen.						
3. Der Referent redete in knappen, präzisen Sätzen.						
4. Der Referent benutzte die Folien nur zur Gedächtnisstütze.						
5. Der rote Faden im Vortrag war stets erkennbar.						
6. Der Sinn des Vortrags wurde den Teilnehmern klar vermittelt.						
7. Der Blickkontakt zum Publikum war gewahrt.						
8. Der Referent hielt Blickkontakt zu allen Seiten des Raumes.						
9. Die Folien unterstützen den Vortrag.						

10. Der Referent präsentierte prägnant gestaltete Folien.					
11. Der Referent war sparsam im Umgang mit Effekten.					
12. Der Inhalt des Vortrags stand stets im Vordergrund.					
13. Zwischenfragen waren beim Vortrag erlaubt.					
14. Der Referent behandelte die Meinung anderer respektvoll.					
15. Der Referent lässt sich durch Zwischenrufe nicht irritieren.					
16. Der Referent reagiert flexibel, wenn der Vortrag langweilt.					
17. Am Ende bedankt sich der Referent für die Aufmerksamkeit.					
18. Das Publikum applaudiert, klopft auf den Tisch.					
19.					
20.					

Auswertung:

■ Übertragt nun die Kreuze in die Tabelle und verbindet die Kreuze. Ihr erhaltet so ein Profil über die Qualität des Vortrags.

■ Vergleicht eure Tabellen und diskutiert über die Unterschiede in der Bewertung.

Konsequenzen aus der Analyse:

Jeder Referent ist froh, Rückmeldung zu erhalten, wenn sie angemessen und realistisch bleibt. Es gilt, daraus auch Konsequenzen zu ziehen.
Was ist besonders gelungen? Wo besteht Verbesserungsbedarf?
Manche Kritik führt zu dringlichen Problemen, deren Bearbeitung sofort auf den Plan gehört. Manches ist nebensächlich, kann nebenbei berücksichtigt werden. Setzt hier Prioritäten in der Rangfolge A, B, C! Notiert, was ihr ändern wollt und wodurch ihr es ändern wollt.

A: Dringender Handlungsbedarf!
B: Wichtig, aber nicht vorrangig!
C: Bei Gelegenheit angehen!

Was ich ändern will...	durch welche Maßnahme....	Rang

A) Stellwände und Flipcharts

Stellwände und Flipcharts sind eine ideale Hilfe zur Visualisierung von Arbeitsergebnissen. Ihr könnt während des Vortrags frei an der Tafel eure Gedanken ausbreiten und Diagramme zeichnen. Dazu bedarf es aber einer Menge Erfahrung und Übung, damit ihr nicht durch die Illustrationen so abgelenkt seid, dass ihr den Kontakt zu den Zuhörern verliert. Besser ist es für den Anfang, vorbereitete Blätter zu präsentieren.

Hier einige Tipps zur Gestaltung des Schriftbildes auf Pinnwänden. Probiert sie einmal aus. Bestimmt findet ihr noch weitere Ideen zur Gestaltung einer Pinnwand.

- In Druckschrift schreiben, denn Druckschrift ist leichter lesbar als Schreibschrift.

- Groß- wie Kleinbuchstaben verwenden, denn das Auge gewöhnt sich besser an ein Schriftbild, das aus Klein- wie Großbuchstaben besteht.

- Geht nie unter ca. 3 cm Schriftgröße, denn eure Texte sollen auch von den Hinterbänklern gelesen werden.

- Schreibt eng, damit das Wort als Schriftblock erkannt wird.

- Verwendet für Überschriften einen Edding von 5 cm Breite, für Lauftext einen Edding mit ca. 0,5 cm Strichbreite. Wenn ihr unterschiedliche Farben nehmt, dann empfiehlt sich schwarz für den Lauftext, rot für Überschriften.

Übung: Der Sinn von Hausaufgaben

Sind Hausaufgaben ein sinnvoller Beitrag zum Lernen?
Bereitet eine „Pro- Kontra- Pinnwand" vor.

■ Jeder schreibt fünf Stichworte für und gegen Hausaufgaben auf. Vergiss nicht,
   Gründe zu nennen, damit du glaubwürdig wirkst (ca. 6 Minuten).

Stichworte	Gründe

■ Bildet Vierergruppen und stellt euch gegenseitig eure Überlegungen vor. Einigt euch auf
   die 10 Argumente, die auf eure Pinnwand gehören.

■ Stellt die Argumente auf der Pinnwand dar.

■ Stellt euer Ergebnis im Plenum vor.

B) Over-Head-Projektor und PC

DARUM GEHT ES:

Eine Präsentation ist nur dann erfolgreich, wenn die Idee vermittelt
werden kann, die über sie transportiert werden soll. Der richtige Einsatz von Medien ist eine wichtige Voraussetzung für den Erfolg. In
der Schule sind, je nach Ausstattung und Verfügbarkeit, die folgenden Medien nutzbar:

■ OHP (Over-Head-Projektor)
■ Video
■ Flipchart
■ Beamer
■ PC

1. Over-Head-Projektor
Der OHP ist das am häufigsten eingesetzte Medium bei der Visualisierung. Folien haben den Vorteil, dass der Referent während des
Vortrags Blickkontakt zum Publikum halten kann. Aber nicht jede Folie ist gelungen. Handschriftlich angefertigte, verschmierte Folien

oder auf Folienrollen planlos abgespulte Texte verfehlen ihre Wirkung. Folien dienen ausschließlich dazu, den roten Faden eines Vortrags sichtbar zu halten.

■ Tipps für den OHP Einsatz:

- ■ Die Buchstabengröße der Raumgröße anpassen, kein Text unter 5 mm!
- ■ Auf der Folie nur knappe Stichworte verwenden, niemals vollständige Texte!
- ■ Mit der Folie lässt sich eine Dynamik im Vortrag erzeugen:
  - Teilfolien übereinander klappen,
  - mehrere Folien übereinander legen,
  - Ergänzungen handschriftlich nachtragen – Schriftgröße beachten!
  - Teile der Folie mit Papier abdecken,
  - mit Modell-Zeigefinger (Kugelschreiber o.ä.) auf Teile der Folie zeigen!
- ■ OHP nur einschalten, wenn im Vortrag Bezug zur Folie genommen wird!
- ■ Beim Vortrag stets den Blickkontakt zum Publikum halten.

■ Vor- und Nachteile des OHP

Vorteile	Nachteile
• Flexibler Einsatz in Verbindung mit anderen Medien wie Flipchart, Tafel	• Anfällige Technik, Ersatzbirnen bereit halten
• Ergänzungen jederzeit machbar	• Texte nur vorübergehend präsent
• Blickkontakt zum Publikum bleibt bestehen	• Schriftgröße nicht überall gleich geeignet

2. Personal Computer

DAS MÜSST IHR WISSEN:

Moderne Software wie z.B. „Powerpoint" von Microsoft erleichtern heute die Gestaltung farbiger Vorlagen und Folien. Gleichzeitig lassen sich die Folien ausdrucken und nutzen. Daneben gewinnen Computer gestützte Präsentationen immer mehr an Bedeutung. Für die Präsentation nutzt man meist einen Beamer, mit dem durch eine direkte Verbindung zum Monitor der Bildschirminhalt auf eine Leinwand projiziert wird. Die Technik des Overhead-Displays rückt dagegen immer mehr in den Hintergrund.

DAS BRAUCHT IHR:

- ■ Mindestens einen PC, auf dem das Programm Powerpoint installiert ist.
- ■ Einen Beamer oder ein OHP-Display, das ihr an den PC anschließen könnt.
- ■ Einen Raum, in dem ihr euren Vortrag vorstellen könnt. Mit einem transportablen PC nebst Zusatzgeräten seid ihr bei der Raumauswahl flexibler.

Mit Powerpoint habt ihr ein Programm, um ansprechende Präsentationen einfach und schnell herzustellen. Haltet die folgende Richtlinien für eine erfolgreiche Vorbereitung ein. Das ist bei einer PC unterstützten Präsentation noch wichtiger als beim Folienvortrag!

■ Entwickelt zuerst das Drehbuch zur Gestaltung der Präsentation.
  • Wer (Sender) sagt
  • was (Botschaft)
  • zu wem (Empfänger)
  • mit welcher geplanten Wirkung (Effekt)?

■ Wählt für die Folien ein einheitliches Layout.

■ Setzt Effekte sparsam ein! Effekte dienen der Konzentration der Teilnehmer. Nicht aber ist störender als der Einsatz von Effekten um ihrer selbst willen! Der überzogene Einsatz von Effekten überdeckt häufig nur inhaltliche Schwächen!

■ Verwendet nur eine Übergangsmethode zwischen den einzelnen Slides (Blättern).

■ Gebt den Zuschauern genug Zeit zum Betrachten.

■ Verwendet der Einfachheit halber für die Präsentation die Notizblätter, die Powerpoint anbietet! Hier schreibt ihr wahlweise zusätzliche Informationen zu einzelnen Folien oder zu allen Folien.

■ Nehmt Rücksicht auf das Publikum! Blättert zurück, wenn gewünscht.

■ Notiert euch die Reihenfolge der Folien! Eine PC gestütze Präsentation ist kein Folienvortag. Beim OHP haltet ihr die nächste bereits in Händen, bevor sie aufgelegt wird. Beim PC Einsatz seht ihr die nächste Folie nicht. Nutzt die Foliensorter-Ansicht, um die Reihenfolge der Folien festzulegen.

■ Eine Trockenübung eures Vortrags ist geradezu unerlässlich. Selbst altgediente Profis führen solche Übungen vor jedem Auftritt durch!

C) Präsentationen im Netz – Aufbau einer Homepage

Immer mehr Schulen, Kurse, Personen präsentieren sich im Internet. Die Angebotspalette für die Einrichtung eigener Web-Sites ist schier unübersehbar und unterliegt ständigem Wandel. In jeder beliebigen Zeitschrift, die sich dem Thema Internet widmet, findet ihr genug Hinweise darüber, wo ihr eure eigene Homepage ablegen könnt. Naheliegend ist der Zugang über einen Server, auf den die Schule

Zugriff hat. Entscheidend ist nicht wo, sondern wie ihr euch präsentiert. Dazu findet ihr gelungene, aber leider auch sehr viel abschreckende Beispiele im Internet.

Für die Gestaltung von Homepages gibt es viele Profi-Programme, die meisten davon sehr teuer und sehr spezialisiert. Wer ein bisschen im Netz sucht, findet aber auch Hilfen, sich einfache Websites ohne viel Aufwand und ohne zusätzliche Kosten selbst zu gestalten.

SO GEHT ES:

> ### Checkliste für die Analyse von Homepages
>
> ■ Aufbau der Web-Sites
> - Schnelligkeit im Ladevorgang
> - Bedienbarkeit
> - Klarheit im Aufbau
>
> ■ Inhaltliche Aspekte
> - Textstruktur leicht erfassbar
> - Themenauswahl – schulbezogen oder darüber hinaus gehend
> - Aktualität
>
> ■ Gestaltung der Seiten
> - Anteil der Grafiken und Bilder an einer Seite
> - Rahmen (Frametechnik)
> - Farbliche Gestaltung

TIPP
Hier findet ihr
die Web-Sites
deutscher Schulen
nach Schulform
aufgeschlüsselt:

> ➤ Im Schulkatalog des deutschen Bildungsservers
> http://www.schulweb.de
>
> ➤ Im Webkatalog dino-online
> http://www.dino-online.de/seiten/go02s.htm

Übung: Homepages untersuchen

DAS BRAUCHT IHR:

■ Einen PC mit Internet-Zugang für jede Vierergruppe
■ Schreibzeug und Papier

SO GEHT ES:

■ Setzt euch in Vierergruppen zusammen.

■ Habt ihr euch bereits für eine Homepage als Untersuchungsobjekt entschieden? Wenn nicht, sucht unter den oben aufgeführten Tipps eine Schule aus.

■ Welche Informationen erwartet ihr von dieser Homepage? Wir geben euch eine Liste, die ihr nach Belieben erweitern könnt, bevor ihr die Seite ansteuert. Lest euch vorher die Fragen genau durch, damit ihr die Seite daraufhin untersuchen könnt.

■ Steuert nun die Seite an und beantwortet die Fragen. Vermeidet dabei, von der Seite auf spannende Links auszuweichen.

Was wir erwarten...	Was wir vorfinden...
1. Lädt die Seite schnell? Animationen, Grafiken verlangsamen den Vorgang.	
2. Gibt es einen „Aufreißer", der das Interesse weckt?	
3. Welche Nutzen verspricht die Seite für den Besucher?	
4. Ist dieser Nutzen sofort erkennbar?	
5. Gibt es ein Logo, das die Wiedererkennung erhöht?	
6. Werden billige Willkommensgrüße vermieden?	
7. Ist die Seite überladen mit Hinweisen auf andere Seiten?	
8. Wird der Besucher angesprochen oder nicht ernst genommen?	
9. Werden Informationen über die Verfasser auf der ersten Seite oder auf einer besondere Seite „Wir über uns" präsentiert?	
10. Ist die Seite aktualisiert oder enthält sie längst überfällige Informationen?	
11. Lässt die Seite Rückmeldung zu? Gibt es Interaktivität zumindest im Ansatz?	
12. Sind die wichtigen Informationen in Kurzform zusammengestellt?	
13. Gibt es Verweise auf weitere Details, die der Besucher bei Interesse später aufsuchen kann?	
14.	
15.	
16.	

Die nachfolgend aufgeführten Werke sind für eine vertiefende Arbeit am Thema „Methoden" sehr empfehlenswert.

Arbeitsgemeinschaft Lernmethodik
Gewusst wie. Bewährte Lerntipps für Schülerinnen und Schüler ab Klasse 5
Deutscher Sparkassenverlag, Stuttgart.

Barrett, Neil,
30 Min. für den Einstieg ins Internet.
Gabal-Verlag, Offenbach 1998.

Bauer, Volker, u. a.
Methodenarbeit im Geschichtsunterricht. Cornelsen-Verlag, Berlin 1998.

Birkenbihl, Vera F.,
Stichwort Schule. Trotz Schule lernen!
mvg-Verlag, Offenbach, 12. Aufl. 1997.

Birkenbihl, Vera F.,
Stroh im Kopf? Vom Gehirn-Besitzer zum Gehirn-Benutzer.
mvg-Verlag Offenbach, 19. Aufl. 1994.

Boy, I./Dudek, C/Kuschel, S.,
Projektmanagement.
Gabal-Verlag, Offenbach, 5. Aufl. 1998.

Bozek, Phillip,
50 Ein-Minuten-Tipps für erfolgreichere Kommunikation.
Ueberreuter-Verlag, Wien 1992.

Brenner, Gerd,
Besser in allen Fächern. Sachtexte verstehen und verfassen.
Cornelsen Verlag Scriptor, Berlin 1996.

Buzan, Tony; North, Vanda,
Mind Mapping®. Der Schlüssel für deinen Lernerfolg.
htp-Verlag 1997.

Cole, Kris,
Kommunikation klipp und klar.
Beltz-Verlag, Weinheim 1996.

Forsyth, Patrick,
30 Minuten bis zur überzeugenden Präsentation.
Gabal-Verlag, Offenbach 1998.

Gardner, Howard,
Abschied vom IQ. Die Rahmen-Theorie der vielfachen Intelligenzen.
Klett-Cotta, Stuttgart 1991.

Geiselhart, Roland R., Burkart, Christiane,
Konzentrations-Power.
Gabal-Verlag, Offenbach 1998.

Gugel, Günther,
Methoden Manual 1: »Neues Lernen«
Beltz-Verlag, Weinheim 1997.

Gugel, Günther,
Methoden Manual 2: »Neues Lernen«
Beltz-Verlag, Weinheim 1998.

Hentig, Hartmut von,
Kreativität. Hohe Erwartungen an einen schwachen Begriff.
Carl Hanser Verlag, 1998.

Kliebisch, Udo,
Kommunikation und Selbstsicherheit.
Interaktionsspiele für Schule, Jugendarbeit und Erwachsenenbildung.
Verlag an der Ruhr, Mülheim a. d. R. 1995.

Kolossa, Bernd,
Methodentrainer.
Arbeitsbuch für die Sekundarstufe II.
Cornelsen Verlag, Berlin, 2000.

Maddux, Robert B.,
Team-Bildung.
Ueberreuter-Verlag, Wien 1993.

Molcho, Samy,
Körpersprache.
Goldmann Verlag, 1996.

Preiser, Siegfried,
Zielorientiertes Handeln.
Roland Asanger Verlag, Heidelberg 1989.

Ruhleder, Rolf H.,
Vortragen und Präsentieren.
Max Schimmel Verlag, Würzburg 1996.

Scheler, Uwe,
Informationen präsentieren.
Gabal-Verlag, Offenbach, 2. Aufl. 1997.
Schmidt, Josef; Wollner, Hilmar,
Zeitsouveränität. Der Weg zur modernen Zeit- und Lebensplanung.
Josef Schmidt Verlag, 13. Aufl. 1993.

Schulz v. Thun, Friedemann,
Miteinander reden. Teil 1. Störungen und Klärungen. Allgemeine Psychologie der Kommunikation.
Rowohlt Taschenbuch, Sachbuch 7489, Reinbek 1981.

Seifert, Josef W.,
Visualisieren, Präsentieren, Moderieren.
Gabal-Verlag, Offenbach, 2. Aufl. 1998.

Seiwert, Lothar,
30 Minuten für optimales Zeitmanagement.
Gabal-Verlag, Offenbach 1998.

SKILL-Autorenteam,
Kreativ lehren und lernen.
Gabal-Verlag, Offenbach, 3. Aufl. 1997

Steiner, Claude,
Emotionale Kompetenz.
dtv, München 1999.

Vester, Frederic,
Denken, Lernen, Vergessen. Was geht in unserem Kopf vor, wie lernt das Gehirn und wann lässt es uns im Stich?.
Deutscher Taschenbuch Verlag, 24. Aufl. 1997.

Watzlawick, Paul; Beavin, Janet H.; Jackson, Don D.,
Menschliche Kommunikation.
Verlag Hans Huber, 9. Aufl. 1996.